国家社科基金西部项目
"蒙古族村落变迁和蒙古族聚居区新型社区建设研究"
（编号14XSH009）阶段性成果

嘎达梅林档案史料研究

吴群　陆文学　徐文卓　著

GADAMEILIN
DANGAN SHILIAO
YANJIU

黑龙江人民出版社

图书在版编目(CIP)数据

嘎达梅林档案史料研究／吴群、陆文学、徐文卓 编著.
—哈尔滨:黑龙江人民出版社,2021.8
ISBN 978－7－207－12550－7

Ⅰ.①嘎… Ⅱ.①吴… ②陆… ③徐… Ⅲ.①嘎达梅
林(1892—1931)—史料—研究 Ⅳ.①K828.712

中国版本图书馆 CIP 数据核字(2021)第 176078 号

责任编辑:姚虹云 于国聪
封面设计:张 涛

嘎达梅林档案史料研究

吴 群 陆文学 徐文卓 著

出版发行 黑龙江人民出版社
地 址 哈尔滨市南岗区宣庆小区 1 号楼
网 址 www.hljrmcbs.com
印 刷 黑龙江艺德印刷有限公司
开 本 787×1092 1/16
印 张 14
字 数 290 千字
版 次 2021 年 8 月第 1 版
印 次 2021 年 8 月第 1 次印刷
书 号 ISBN 978－7－207－12550－7
定 价 57.00 元

民族英雄——嘎达梅林（1892—1931）

英雄用生命保卫科尔沁草原，

保护了蒙古族人民的利益，

得到故乡人民永远的爱戴。

秉承全旗人民的夙愿，特立此碑，缅怀英雄，以昭后人！

位于科左中旗保康镇梅林广场的嘎达梅林纪念碑

民族英雄嘎达梅林纪念碑

（位于嘎达梅林牺牲地科左中旗花胡硕苏木洪格尔敖包嘎
查东南新开河故道旁。1990 年立碑，1998 年科左中旗人
民政府确定嘎达梅林纪念碑为旗级重点文物保护单位。纪
念碑由花胡硕苏木人民政府派专人长期守护。2006 年 9 月
4 日，内蒙古自治区人民政府批准嘎达梅林纪念碑为自治
区级重点文物保护单位）

前　　言

　　蒙古族叙事民歌《嘎达梅林》，2008 年被列入国家第二批非物质文化遗产名录。2014 年，纪念嘎达梅林起义八十五周年之际，嘎达梅林的故乡——科尔沁左翼中旗组织专家学者编辑整理出有关嘎达梅林的档案史料，辑成《嘎达梅林史料研究》一书，由内蒙古出版集团、远方出版社正式出版发行，书中呈现的丰富史料和研究成果曾引起社会影响与广泛关注。

　　嘎达梅林，蒙古族，光绪十八年（1892）出生于达尔罕王旗（今科尔沁左翼中旗）采哈新甸札门朝海屯的一个农民家庭。嘎达梅林的原名那达木德，汉名孟青山。"嘎达"为蒙古语"幼子"的昵称，"梅林"是旧时官职，因其在兄弟四人中最小，所以人们称其为"嘎达"；当他成为王旗卫队的军务梅林之后，人们习惯称他为"嘎达梅林"。嘎达梅林是二十世纪初内蒙地区抗垦斗争的杰出领袖之一。

　　二十世纪三十年代前后，内蒙地区抗垦斗争究竟是怎么发生的？嘎达梅林作为民族英雄人物，其真实身份、起义背景和起义目的又是什么？作者多年来一直在探寻历史档案、挖掘文献记载，希望能够真实完整地展现嘎达梅林的英雄事迹。嘎达梅林的抗垦斗争发生在中国土地革命战争时期。党的二大通过对中国经济、政治状况的分析，揭示出中国社会的半殖民地半封建性质，指出党的最高纲领是实现社会主义、共产主义，但是在现阶段的纲领是打倒军阀、推翻国际帝国主义的压迫、统一中国为真正的民主共和国。党的二大召开，在中国人民面前第一次提出明确的反帝反封建的民主革命纲领。这个纲领很快在全国传播开来，嘎达梅林的抗垦斗争就是在这个政治背景下发生的，是土地革命战争时期辽西与东蒙地区反军阀、反封建王公的特殊案例，也反映了广大民众反压迫图生存、争取人民解放的坚强意志。可是随着时间的推移，一些相关史料正在被渐渐湮没，处于濒危状态。鉴于此，自2009年起（嘎达梅林起义八十周年之际），作者远赴辽宁、吉林、大连、呼和浩特、呼伦贝尔草原等地查阅档案资料、翻阅文献记载，试图补充完善嘎达梅林的真实事件。目前已征集到历史文献和档案资料数百篇，特别是收集到一些珍贵档案影印资料，约达二百件。这些史料记录，展示出嘎达梅林及其生活时代的清晰轮廓，有助于我们全面了解草原人民抗垦斗争的壮举。

《嘎达梅林档案史料研究》一书是对2014年版《嘎达梅林史料研究》的补充与完善，也是国家社科基金西部项目"蒙古族村落变迁和蒙古族聚居区新型社区建设研究"（项目编号14XSH009）收集、整理和史料分析的阶段成果。本书从收集的档案史料中选取一百二十余件珍贵文档，对它们进行认真识读，以尊重历史、尊重史实的观点，对档案史料中的文字不加评论、不予褒贬，力求完整真实地呈现，为人们认识和研究嘎达梅林起义背景、起义目的、起义过程乃至了解当时的时代背景提供详实参考，为研究学者及爱好者提供珍贵的文献资料。编者认为，整理历史文献，还原历史真实，有助于后人全面认识和深入研究真实的嘎达梅林乃至那个纷乱的年代。

本书的出版得益于通辽科尔沁历史文化研究会暨孝庄研究会领导王明义先生的大力支持；通辽市政协文史委原主任、科尔沁历史文化研究会秘书长乔子良先生对本书的编纂工作十分关注，提出一些建设性意见。特此向他们真诚致谢！

本书披露的部分档案和史料，分别来自国家第二档案馆、内蒙古自治区档案馆、辽宁省档案馆、大连档案馆、长春档案馆、通辽市档案馆和科左中旗档案馆等，谨向他们的大力协助与支持表示深深的谢意！

本书中人名因音译略有不同，不足之处敬请专家学者及广大读者不吝指正。

编　者

目　　录

第一章 达尔罕王旗的背景概况

嘎达梅林,二十世纪初内蒙地区抗垦斗争的杰出领袖之一,蒙古族,光绪十八年(1892)出生于达尔罕王旗(今内蒙古自治区科尔沁左翼中旗)采哈新甸札门朝海屯的一个农民家庭。

一 达尔罕王旗的历史概说

内蒙古自治区科尔沁左翼中旗,简称科左中旗,旧称达尔罕王旗(又作达尔汉王旗),清代归属哲里木盟①管辖,现隶属内蒙古自治区通辽市,位于内蒙古自治区东部、松辽平原西端,科尔沁草原腹地,东接吉林省双辽市、长岭县,南邻通辽市、科尔沁左翼后旗,西连开鲁县,北与扎鲁特旗、吉林省通榆县和兴安盟科尔沁右翼中旗接壤。地理坐标处在"东经 121°08′至 123°32′、北纬 43°32′至 44°32′之间",属于内蒙古、吉林、辽宁三省交汇处的金三角区域。

明朝末年,科尔沁蒙古已经发展成为整个漠南蒙古的一个强部,其势力范围仅次于察哈尔部。1593 年(明万历二十一年),科尔沁部首领奥巴为摆脱被林丹汗欺凌吞并的危险,与后金通好结盟。1626 年(清天命十一年),奥巴又率领族众归附努尔哈赤,并娶努尔哈赤四子图伦之女肫哲公主为妻,努尔哈赤封奥巴为土谢图汗。自此,后金皇室与科尔沁部蒙古王公世缔国姻、互为嫁娶,实现了以血缘关系

---

① 清朝崇德元年(1636)建哲里木盟。哲里木盟是首统盟,当时包括 4 部、10 旗。后来清政府又先后在蒙古王公贵族的封地设厅、府、州、县的建制,哲里木盟基本上归长春、昌图、洮南三府管辖。中华民国成立以后,哲里木盟 10 旗归北洋政府蒙藏院管辖,同时受东三省监督和节制。

为纽带羁縻蒙古地区的政治目的。据史料记载,入关之前清朝皇室与蒙古地区各部一共联姻八十四次,而与科尔沁部的联姻就多达三十三次,占据了满蒙联姻总数的三分之一以上,对清朝的历史产生了深远影响。尤其是中国历史上赫赫有名的孝庄文皇后①,为清初的政治稳定和后来发展成为"康乾盛世"作出了不可磨灭的重大贡献。

1635 年,皇太极统一了漠南蒙古。1636 年,漠南蒙古十六部四十九台吉会聚盛京(今辽宁省沈阳市),同满汉贵族一道向皇太极奉上"博克达彻辰汗"尊号。皇太极称帝,改国号大清,建元崇德。皇太极敕封了蒙古诸吉台,按地位高低、效忠程度和功劳大小等,比照清廷爵秩分别授予亲王、贝勒、贝子、镇国公、辅国公等爵位,凡授爵皆有册文。宰桑长子乌克善被册封为卓哩克图亲王。同年,清廷在蒙古地区实行盟旗制度,派官员赴蒙地划定旗界、编牛录、造丁册,"旗"也成为清代内蒙地区最基本的社会组织形式。

蒙古科尔沁部共组建七旗,卓哩克图亲王旗即科尔沁左翼中旗、土谢图亲王旗即科尔沁右翼中旗、札萨克图郡王旗即科尔沁右翼前旗、喇嘛什希旗即科尔沁右翼后旗、栋果尔旗即科尔沁左翼后旗、噶尔图旗和穆寨旗。当年确定的科尔沁左翼中旗,直属于清朝廷蒙古衙门管辖,后改为理藩院管辖,受哲里木盟监督、盛京将军节制。

据《达尔罕文史》记载,莽古斯②是科尔沁左翼中旗的始祖,是创建科尔沁左翼中旗的第一代达尔罕亲王满珠习礼的祖父。1593 年,莽古斯与其弟明安、洪格尔一起跟随部落首领奥巴参与"九部联军讨伐努尔哈赤"战役,战败后与努尔哈赤议和。努尔哈赤遂采取"怀柔政策",派专使与科尔沁蒙古通好,于是蒙古贝勒莽古斯去朝见努尔哈赤。后金为坚定其意志,从嫔妃中选出美女为其作妻,结为婚姻关系。莽古斯亦将自己女儿额尔敦其其格(俗称哲哲,后为大清国第一国母孝端文皇后)嫁与努尔哈赤第八子皇太极,进一步缔结联姻。

莽古斯生有二子,宰桑和敖勒布。宰桑又生有四男二女。长子乌克善,系科左中旗第一代亲王,是清代漠南蒙古地区最有权势的闲散王爵;次子察罕,其子绰尔济被封为多罗贝勒;三子索纳穆,其子祁他特被封为多罗郡王;四子满珠习礼,被封为达尔罕巴图鲁亲王。宰桑的二女:大女儿海兰珠,1634 年嫁与皇太极,后封宸

---

① 孝庄文皇后(又称孝庄文皇太后),博尔济吉特氏,蒙古科尔沁部人,莽古斯孙女,宰桑之女,清太宗皇太极的"崇德五宫"之一,是清世祖顺治皇帝的生母、清圣祖康熙皇帝的祖母,是从科尔沁草原走向中国历史大舞台的一位杰出女政治家。

② 莽古斯:博尔济吉特氏,是成吉思汗之弟、大蒙古国擎天柱哈布图·哈萨尔的十七世孙,崇德二年六月追封为和硕福亲王。

妃;二女布木布泰,即中国历史上赫赫有名的孝庄文皇后。

据史料记载,有清以来,清廷对科左中旗蒙古贵族的封爵在内蒙地区各旗中是最多的。例如,天聪十年(1636)皇太极称帝分封蒙古各部,共有九人封王,科尔沁部就占有五人。此外,当年后宫规制为五宫之妃,其中有三位出自科尔沁部。可见,清廷对科尔沁部的特殊性及格外恩宠地位。

科左中旗接受清廷分封的爵位共有十个,其中世袭罔替①八个,降袭、停袭各一个。八个世袭爵位分别是世袭札萨克(扎萨克)②和硕达尔罕亲王一位、世袭和硕卓哩克图亲王一位、世袭多罗郡王一位、世袭多罗贝勒一位、世袭镇国公一位、世袭辅国公两位、降袭固山贝子世袭辅国公一位,降袭和硕亲王一位、停袭辅国公一位(详见附录一)。

蒙古地区各旗一直由世袭罔替的札萨克王公统领,自1636年清太宗皇太极初封到清王朝灭亡的二百七十余年间,科尔沁左翼中旗札萨克和硕达尔罕亲王凡十一代、十二任。首任札萨克达尔罕亲王为满珠习礼,是成吉思汗之弟哈布图·哈萨尔的十九世孙、和硕福亲王莽古斯之孙、和硕忠亲王宰桑四子、孝庄文皇太后四兄。1636年(崇德元年),满珠习礼因战功卓越晋封为多罗巴图鲁郡王,1652年赐“达尔罕”③号,1659年晋封和硕达尔罕巴图鲁亲王,诏世袭罔替。由此,科尔沁左翼中旗因本旗札萨克的“达尔罕”封号又称为达尔罕王旗(或达尔罕旗)。1665年(康熙四年),满珠习礼逝世,长子罗布藏衮布袭爵为和硕达尔罕亲王,停“巴图鲁”号。科尔沁左翼中旗从第一代达尔罕巴图鲁亲王满珠习礼始,到末代达尔罕亲王那木济勒色楞止,一直掌握着本旗札萨克权力,也为清朝的统一和政权巩固立下了汗马功劳。④

1912年中华民国建立,民国政府对蒙古地区继续袭用清代蒙古王公制度,根据民国大总统颁布的《蒙古待遇条例》,对蒙古王公给予“加进”封赏。哲里木盟盟主、科尔沁左翼中旗札萨克那木济勒色楞因是和硕达尔罕亲王,无爵可进,移封其长子包晓峰为辅国公。民国时期,科尔沁左翼中旗隶属民国政府蒙藏院(后改为蒙藏委员会),受奉天都督管辖。

民国初年,末代达尔罕亲王那木济勒色楞与张作霖结为兄弟,尔后其长子包晓

---

①　世袭罔替:清代一种承袭方式。受封爵位的王公贵族去世之后,其爵位经清廷批准,可由其子孙后代来承袭。还有一种“降等承袭”,即按照清朝惯例,王公贵族的爵位其后代要降一个等级来承袭。

②　札萨克(扎萨克):蒙古语,有政权、政府、旗长之意。

③　达尔罕:蒙古语,有神圣崇高、不可侵犯之意。

④　陈操:《达尔罕史话》,内蒙古人民出版社,2001年。

峰与张作霖之女结婚,两人又成为儿女亲家。民国十四年(1925),那木济勒色楞妻子去世,又经张作霖介绍,其与朱恩古之女朱博儒结婚。朱博儒成为那木济勒色楞的福晋后,对那木济勒色楞产生很大影响,朱博儒常常左右旗内事务,甚至插手旗内要政。达尔罕亲王与军阀勾结,大规模丈放荒地、大肆掠夺土地,常常"此荒未竣,另荒又开",严重损害了蒙古民众的利益,使蒙民陷入水深火热之中。1929 年,那木济勒色楞亲王不顾全旗民众的反对,要将两片最肥沃的土地"辽北荒"和"西夹荒"卖掉,最终逼迫嘎达梅林等人举起了抗垦的大旗。

二 达尔罕王旗的地理概貌

明嘉靖年间,成吉思汗之弟哈布图·哈萨尔十四世孙奎蒙克塔斯哈喇率部避乱逃儿河、嫩江流域后,占据了东起嫩江、西到辽河、北依大兴安岭、南临松花江畔的广阔的草原区域。因为这一部落原是成吉思汗的"却薛军",被誉为"科尔沁"(带箭囊的人),由此这一区域被称为"科尔沁草原",游牧在这一区域的奎蒙克塔斯哈喇的部众被称为科尔沁蒙古人。而最先踏上科尔沁左翼中旗这块土地的是莽古斯及其部众。

据《蒙古游牧记》记载:

> 科尔沁部在喜峰口东北七十里至京师千二百八十里,东西距八百七十里,南北距二千一百里,东至扎赉特界,西至扎鲁特南至盛京边墙界率至索伦界,……当吉林赫尔苏边门外昌图厅界;跨东西两辽河,东至鄂拉达千百三十里接郭尔罗斯界,南至小陀果勒吉尔山三百里接左翼界;东南至柳条边墙五百五十里与吉林为界;西南至乌达图三百里接左翼前旗界;东北至章古台太池三百里接右翼前旗。扎萨克驻西辽河之北,伊克唐噶里克城。

科尔沁部这片土地的基本特征是:地域辽阔,物产丰饶。北部是蒙古草原南端和大兴安岭中部山地,这里林草丰盛,宜林宜猎,许多渔猎民族和游牧民族的幼年时期大都在这里渡过。中部是辽河平原和嫩江平原,地肥水美,地域平坦辽阔,宜农宜牧,许多游牧民族都是在这里从童年时期过渡到青年时期。南部紧邻辽西山地和燕山北麓,是游牧文化转向农耕文化的过渡地带,更适宜农业经济的发展。

科尔沁左翼中旗位于科尔沁草原腹地,自然条件是"地沃宜耕植,水草便畜牧",境域地貌平坦,兼有风蚀、浸蚀和火山锥等分布,在冲积、风积因素下,具有波状起伏的草甸、沙坨、湖沼遍布的特点。

据赵尔巽《清史稿·地理志二十四·内蒙古》记载:

> 科尔沁左翼中旗札萨克驻西辽河之北伊克唐噶里克坡,在喜峰口东北一千六十五里。西南距京师一千四百七十五里。本契丹地。辽为黄龙府北境。金属上京路。元废。牧地当吉林赫尔苏边门外昌图厅界,跨东西二辽河。东界鄂拉达干,南界小陀果勒济山,西界唐海,北界博罗霍吉尔山。广一百八十里,袤五百五十里。北极高四十三度四十分。京师偏东六度四十分。其山:东南曰伊克图虎尔几山,一名牛头山、巴汉图虎尔几山、巴汉哈尔巴尔山。西北,巴颜朔龙山、吉尔巴尔山一名水精山、巴汉查克朵尔山一名小房山。北,五峰山蒙名他奔拖罗海、伊克查克朵尔山一名大房山。东北,大石山蒙名葛伦齐老、太保山蒙名图斯哈尔图。西南,吉里冈。东南:辽河自永吉州入,迳额尔金山,西北流,入左翼后旗,又西南会潢河入边。潢河自札鲁特左翼入,迳噶尔冈东南来注之。卓索河源出边内,西北流入左翼后旗,会尹几哈台河,入辽河。西北:和尔河,一名合河,自札鲁特左翼入,东迳右翼中旗、前旗、后旗地,入因沁插汉池。阿禄昆都伦河自札鲁特左翼入,迳葛勒图温都尔山,东流,会额伯尔昆都伦河,入右翼中旗,西北经魁屯山,东南流,会于合河。西北:中天河蒙名都穆达图腾葛里,东天河蒙名准腾葛里,源均出吉尔巴尔山,东南流,会几伯图泉,入佟噶喇克插汉池,几伯图泉、他拉泉从之。

由此可知,科尔沁左翼中旗原土地面积有三万三千五百一十平方公里,是现今的三至四倍。旗地蒙民世代在这一地域广袤、土地肥沃、富饶美丽的地方繁衍生息。其基本地势分布为:北部近王府为狭长地带,广一百八十里、袤五百五十里,王府向南则非常广阔,至左翼后旗再迤逦伸向东南,境域面积的百分之八十在王府以南地域。北部的狭长地带为山地草原,中部向南为平原。①

清廷对蒙古族聚居地区实施封禁和蒙汉分治政策。清初,皇太极统一了漠南蒙古地区,建立蒙古盟旗制度,并封赏蒙古王公领地,建立封堆不得越界。从图1—1中可见科尔沁左翼中旗各王府所辖土地的界限,这四家王公是大贝勒莽古斯(后追封和硕福亲王)之孙、和硕忠亲王宰桑之子,他们各自占有游牧场地。和硕卓

---

① 《法库文史资料》十五辑《科尔沁左翼·王陵寻踪》。

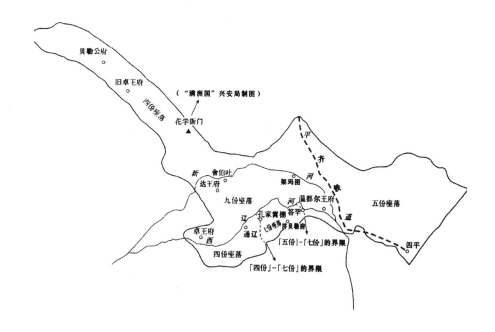

图1—1　科左中旗各王府及所辖土地界限示意图

哩克图亲王乌克善(长子)领地在旗的西部,占有四份座落,又称四家子;科尔沁贝勒①察罕(次子)领地在旗的南部,占有七份座落,又称七家子;温都尔亲王(多罗郡王)索纳穆(三子)领地在旗的东南部,占有五份座落,又称五家子;和硕达尔罕巴图鲁亲王满珠习礼(四子)领地在旗的北部,占有九份座落,又称九家子。后来,和硕卓哩克图亲王支系里又分出卓哩克图亲王和辅国公,科尔沁贝勒察罕支系里又分出闲散多罗贝勒和闲散固山贝子,札萨克和硕达尔罕亲王支系里又分出和硕达尔罕亲王和两位辅国公,再加上温都尔亲王(多罗郡王),这就是诏为"世袭罔替"的八家王公。至民国时期,乌克善支系由贺喜业勒图墨尔根袭爵为和硕卓哩克图亲王,多尔济袭爵为辅国公(民国十八年乌勒济济毕里克图承袭);察罕支系由济克登诺尔布林沁札木苏袭爵为多罗贝勒,阳桑巴拉袭爵为固山贝子;索纳穆支系由阳仓札布袭爵为多罗郡王;满珠习礼支系由那木济勒色楞袭爵为和硕达尔罕亲王,多尔吉和尼玛分别袭爵为辅国公。

清廷对蒙古民众的统治一直采取"和亲"与"怀柔"政策,把建旗封王、确定游牧领域、休养生息作为稳定清室的万年大计。达尔罕王旗人自1636至1784年(乾

---

① 贝勒:满语,为贵族之称。清皇族十二阶层中贝勒位居第三位。

隆四十九年)的一百四十余年间,疆域基本稳定,人民生活安宁。清朝对外藩蒙古土地也实行"封禁"政策,明确规定:"分给外藩边外地亩,令各守疆界,不许越境","口内居住的民人等不准出边在蒙古地方开垦地亩,违者照例治罪"。(参见图1—2)

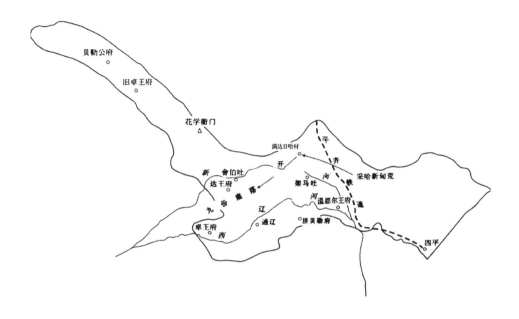

图1—2　科尔沁左翼中旗各王领域辖区示意图

　　科尔沁地区各王公之间为了确定领有权也都立有封堆,相互不得越界。而对于土地管理权限,除管理旗务札萨克以外,其他王公只有使用权,无处理权。

　　康熙年间,科尔沁左翼中旗就有内地移民流入垦种现象。在与汉族地区接壤的东南边墙一带,一些直隶和山东人为了寻求生路,或越界私垦,或以行商为业侵入蒙地,或与王公贵族暗相联系、私下交易入境垦荒。由于王公贵族为了获得大量的压荒银,默许流民越边私垦。特别是与蒙地邻近的满汉农民,有的携家带口进入蒙地。随着流民逐年不断增多,至清乾隆年间入境垦荒者竟达到"络绎不绝"的程度。虽然有的蒙古王公曾经出面请求朝廷对越边流民入境的给予逐出界外的政令,但是朝廷未予许可,只下达了谕旨"已佃者不得逐,未垦者不得招","招民耕种及人民前往私垦者,俱照招民私垦例加等治罪"。然而,蒙古王公出于借私招流民垦地为达到"所收租银作为该旗当差度日"以补充旗饷的目的,便广招流民进行垦殖。至嘉庆年间,科尔沁左翼中旗已出现"蒙汉混杂""垦地日广,聚族益繁"的社会局面。道光三年(1823)至道光六年(1826),科左中旗卓哩克图亲王自招流民一千余户,出放旗内土地竟达三千一百八十四坰。直到清朝末年清廷取消了"禁封"政策,并由官方主持"开放荒地",由此拉开了封建王朝、蒙旗王公和民国政府主持开垦荒地的序幕。

光绪二十八年(1902),清廷解除了对蒙地的封禁政策,实施"移民实边"的官垦新政。光绪朝有组织地把大批汉民移入蒙旗,大量拍卖蒙荒,使得蒙地发生了社会变革。其间,科左中旗共有七次出荒。第一是郑家屯和白市荒,第二是采哈新甸荒,第三是洮辽站荒(站道荒),第四是巴林爱新荒,第五是河南河北荒,第六是东夹荒,第七是西夹荒和辽北荒(未了荒)。(参见图1—3)

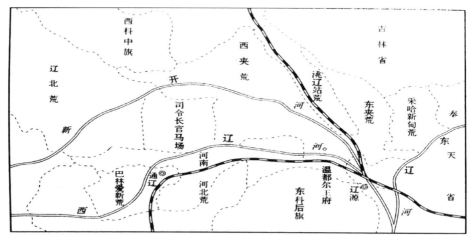

出处:兴安南省民政厅地方科1937年

图1—3　科尔沁左翼中旗历次出荒示意图

各种形式的开垦荒地,使得科尔沁左翼中旗的土地日渐缩小。据清朝廷和民国时期的档案资料显示,自1784年(乾隆四十九年)至1929年(民国十八年)的一百四十五年时间里,科尔沁左翼中旗出放荒地面积约达一万四千平方公里(参见图1—4)。同时,由于清廷的"封禁"解禁和不断出放荒地,致使大批关内移民和相邻盟旗移民流入哲里木盟、流入科左中旗,使这一地区的人口结构、民族结构发生很大变化。农耕面积不断扩大,草原牧场面积不断减少,因土地产生的纠纷事件更是不断发生,有的甚至发展成为难以解决的农牧矛盾。而当时的科尔沁地区并没有管理这种情况的政权机构,这也为清廷在科尔沁地区建立新的州、县、府制政权管理机构提供了前提条件,在出放的土地上先后设置了奉化县(梨树县)、怀德县、双

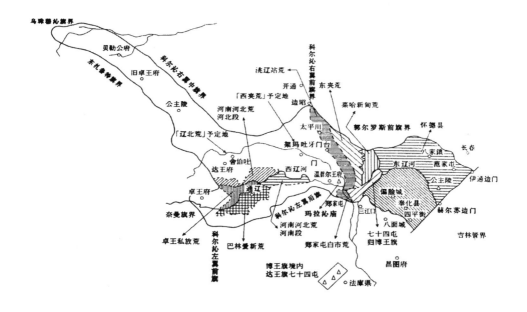

图1—4　科左中旗历次出荒位置示意图

山县、辽源县、通辽县等治所,这些地方随之脱离该旗管辖。也就是说,清政府为了加强统治采取了设立州治所和分防照磨机构形式对科尔沁左翼中旗进行了逐步切割,致使科尔沁左翼中旗在清末至民国初年所辖境域发生了极大变化。例如:清乾隆年间,将八家镇(今公主岭市)一带的游民及商人的管理权归属于开原县;嘉庆八年(1803),清廷在科左中旗拓荒招垦设置梨树城;道光元年(1821)在梨树城设立分房照磨以加强治理,将靠近开原县的游牧民、商人和农民归属于开原县管理;光绪四年(1878)改为设置奉化县,民国三年(1914)改为梨树县;清道光元年(1821)科左中旗招垦八家镇,于光绪三年(1877)将八家镇改为设置怀德县;咸丰元年(1851)科左中旗出放郑家屯和白市荒;光绪六年(1880)在郑家屯设置主簿府,于光绪二十八年(1902)在郑家屯设置辽源州;清光绪十一年(1885)至宣统元年(1909)出放采哈新甸荒,于1913年设置双山县;1912年出放巴林爱新荒,1914年在巴林太来设置通辽镇。而自“新政”执行以来,土地放垦内幕纷争、出荒与反出荒斗争一直不断发生。

第二章 达尔罕王旗的历次出荒

　　清初,朝廷对蒙古地区实施封禁政策,严禁内地民众进入蒙地耕作。蒙古各旗也只是在本旗所辖范围内放牧,不可越界。清末,随着蒙旗土地开垦,大量民众移居蒙地生活。根据《大清会典事例》记载,1784 年(乾隆四十九年)盛京将军永玮呈文上奏:"……达尔罕王旗所留民近开源者,即交铁岭县、开原县治之……遂将旗内八家镇一带的游牧商人之管理权,归属开原县"。可见,乾隆时期在科左中旗八家镇一代就迁入一定数目的的内地民众。嘉庆年间,朝廷又多次颁发禁令,禁止内地民人越边开垦或迁入蒙地生活。随着内地民众迁居到科左中旗的现象越来越多,蒙旗土地被开垦的面积急剧增加。据《蒙旗志》记载:"道光元年(1821)开放怀德县、辽源洲(郑家屯)及近开放采哈新甸荒地,约七十余万垧,现又放洮辽站荒全旗约开放者十分之三","道光元年(1821)出放八家镇荒,六年续放七里界荒,寻又出放爱宝屯等处。其梨树城暨东西辽河一带,亦于道、咸以来次第开放,合计垦地面积约四千六七方里"。又载:1822 年(道光二年),"科尔沁达尔罕、宾图王二旗私招流民给荒,开垦民人已有二百余户,垦成熟地已有二千余垧"。[①] 从上述史料可以看出,至 1822 年科左中旗被开垦的土地面积不计其数,移居蒙地生活的内地民众正在逐年增加。

　　据《科尔沁左翼中旗志》记载,科尔沁左翼中旗自清朝初年至民国二十年(1931)共有七次出荒,即:"郑家屯荒和白市荒、采哈新甸荒、洮辽站荒、巴林爱新荒、河南河北荒、东夹荒、西夹荒和辽北荒"[②]。1929 年,达尔罕王决定出辽北荒、西夹荒、北山里等地。由于嘎达梅林的武装抗荒、反对达王和军阀,制止了此

---

　　① 《蒙旗志》,内蒙古自治区图书馆藏。
　　② 《达尔罕 王函为温都尔王呈垦转请宪恩段拨地多亩生计以维旗制而民众生等情况》,科尔沁左翼中旗档案馆,档案号:87 – 118 – 15。

次出荒。

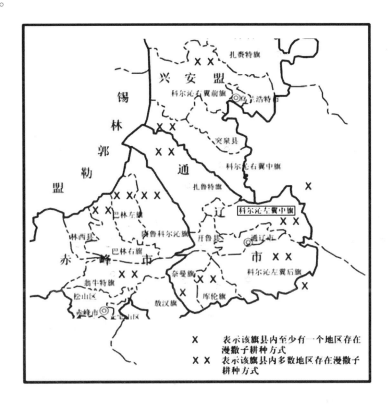

图 2—1　二十世纪初内蒙古东部地区农耕分布示意图

一　出放郑家屯荒和白市荒

郑家屯荒、白市荒是科尔沁左翼中旗札萨克达尔罕亲王的领地。郑家屯,坐落东西辽河交汇、蒙吉辽三省交界处,自古是航道冲、兵家要塞。

根据《东三省政略》卷二部记载:辽源州治,旧名郑家屯,科尔沁左翼中旗牧地。咸丰元年(1851),科左中旗札萨克和硕达尔罕亲王(第十一代亲王)将郑家屯和白市(原名赵幕)两处荒地作为贸易市场进行出放。清同治元年(1861),温都尔郡王把郑家屯西北十公里、今那木斯来蒙古族乡白市村辟为牲畜市场。次年开始放荒,有许多汉人相继来到这里安家落户,有的开设商店、旅店、牛马市,有的开荒种地,人口日益增加,村落也多起来,这一带渐渐成为边外西辽河流域物资集散地。在温都尔郡王一族中有两个人,一个叫四喇嘛,另一个叫八梅伦,二人为了筹钱抵债,又把郑家屯附近郡王领有的大片荒地出卖给汉人。因此,法库门(今辽宁省法库县)、奉天府(今辽宁省沈阳市)、锦州等地的大批商人、无业流民闻讯纷纷赶来移居此地。渐渐的,郑家屯开始"商贾云集,日兴夜繁"成为远近闻名的繁华集市。之后,郑家屯又有了"买卖街"的称号,而有人把"买卖街"和"郑家屯"捏在一起,俗称"郑家街"。于是,光绪六年(1880)盛京将军岐元奏呈设立郑家屯主簿。

光绪二十八年(1902),盛京将军增祺以"是处北扼蒙荒,东阻辽河,生聚日增,商贾荟萃"为由,奏请将康平县西北的科左中旗和科左后旗出放荒地划归郑家屯,设置辽源州,脱离科左中旗管辖。从此,科左中旗东部自闫家葳子起向西南至蒙古套罗改归辽源州,划出土地二千八百一十一平方公里,科左中旗土地面积从二万五千五百二十五平方公里减少到二万二千七百一十四平方公里。

出放郑家屯荒和白市荒时,达尔罕王旗和博多勒噶台王旗发生了边界纠纷问题。为此,博多勒噶台王旗呈诉状给奉天省政府,状告达尔罕王旗侵占边界情况。

博多勒噶台王旗呈奉天省政府诉状影印件如下:

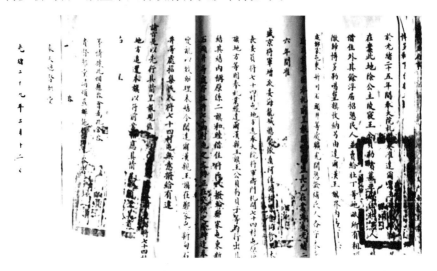

博多勒噶台王旗呈奉天省政府诉状原文如下:

博多勒噶台王旗

于光绪二十五年间奉大院札□奏准,达尔汉王旗遵照办理□在案,此地除公主陵寝、王公贝勒坟墓,并居住壮丁人等,除借住外,其余浮居招垦民人并卖给壮丁等地亩,所有租项征归博多勒噶台王旗收纳。另由达尔汉王旗界内,查有□处郑家屯东新甸石头井等处,旷充开垦,拨补民人。各守本□速为业等因,奉札前呈报图□图盟长已在案,并查光绪二十六年间准。

　　盛京将军增派委海龙城总管依桑阿佐领树丰，会同哲里木□长委员将七十四村屯地方送奉大院，将军衙门札□七十四村屯原系□旗地方等因，奉札。业经达尔汉亲王旗王公、贝勒、贝子等均行出具□结，其结内称原系二旗和睦借住，将民人拨给郑家屯东新甸石头井等处存住，将七十四村屯之文□正在交换之际，时逢奉□变乱，以致办理未结。今闻达尔汉亲王旗在郑家屯新甸石头井等处招集民人，将七十四村屯无意拨给，有违谕旨，是以先行具情呈报。现值和约已定，理应呈请查办，将七十四村屯地方追还本旗，以符前案。相应具情呈报，领至呈者□等情，据此相应咨会，为此合咨。

　　贵督部堂请烦查办，施行呈至咨者

　　奉天总督部堂

光绪二十九年二月十二日

　　博多勒噶台王旗的诉状并没有解决边界纠纷问题，盛京将军增祺以"是处北扼蒙荒，东阻辽河，生聚日增，商贾荟萃"为由继续出放。从而，科尔沁左翼中旗东从闫家崴子起向西南至蒙古套罗改止，与辽源县接界，共划出土地二千八百一十一平方公里。

　　达尔罕王旗与博尔勒噶台王旗的边界纠纷一直延续多年并没有解决，在中华民国十六年八月二十四日还发生了法库陵寝占地事件。

　　达尔罕王旗给奉天省政府省长关于法库陵寝占地信函影印件：

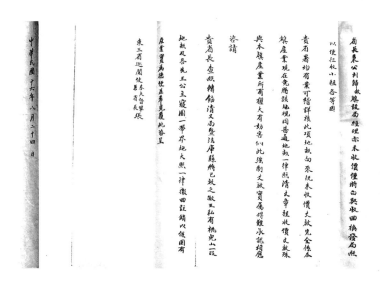

达尔罕王旗给奉天省政府省长关于法库陵寝占地信函原文：

九月十六日（印章）

哲里木盟副盟长、科尔沁札萨克和硕达尔罕亲王那木济勒色楞，旗务协理、辅国公松永伟鲁布，协理台吉特克什巴雅尔、布库鄂尔什呼乌尔图那苏图等，为咨请事案。

据本旗法库福安地局局长刘永和、副局长曹香圃等，呈据王爷陵扎兰温旭东等呈称法库门外桃儿山地方有我札萨克达尔罕亲王历年向福祥海烧锅要租之一段地亩，于本年二月间经法库县清丈局良字绳员王占元与该福祥海烧锅执事人联络收价款三千元售妥。此外，并将我旗王爷陵附近山荒清丈局明字绳员王少亭坚拟外放壮丁等，以此地关系、陵寝风脉綦重，我们如不承领，恐被他人所领，无奈出价洋四千五百元交付。该王少亭将地承领等语，理合呈报等情，据此查此项桃儿山王爷陵等处地亩，向无丈放出卖情事，当初皆系（先）王公主守陵壮丁等原占，历年既久，遂由各户为谋个人生计利益私立白契出兑，嗣因与博旗发生争执，经讼数十年未结，后经省长秉公判归敝旗设局经理，亦未收价，仅将白契收回，换发局照，以便征收小租各等因。

贵省署均有案可稽，详核此项地亩，向来既未收价，丈放完全系本旗产业。现在竟将该地视同普通地亩，一律照清丈章程收价丈放，殊与本旗产业所有权大有妨害，似此强制丈放实属碍难承认，相应咨请贵省长查照转饬清丈局暨法库县,将已放之散王私有桃儿山一段地亩及各先王公主寝园一带界地大照一律撤回注销,以保固有产业,实为德便,并希见覆此咨呈。

东三省巡阅使奉天督军兼省长张(作霖)

中华民国十六年八月二十四日

二　出放采哈新甸荒

采哈新甸位于今吉林省双辽市茂林镇以东,是科左中旗闲散王爷温都尔郡王的领地。

采哈新甸荒是科左中旗在清代的第二次公开出荒,这块荒地的出放情况复杂,从光绪十一年(1885)开始到宣统元年(1909)结束,历时二十余年。

光绪十年(1884),科左中旗第十三任札萨克和硕达尔罕亲王衮布旺济勒去世。光绪十一年(1885),年仅六岁的那木济勒色楞承袭了和硕达尔罕亲王爵位,成为本旗第十二任札萨克和硕达尔罕亲王。但因其年幼不能主政,朝廷令本旗闲散王爷济克登旺库尔署理本旗事务,代行札萨克职权。

济克登旺库尔代行旗札萨克职务之前是一位酒色之徒。他常年居住在京城豪华的王府中,每天过着花天酒地的生活,挥霍无度,很快债台高筑,陷入个人债务危机。其中,仅在京城祥泰德商号吴玉祥名下就欠了东钱四十九万七千三百六十吊。债务缠身的济克登旺库尔王掌管旗政后,感到自己大权在握,翻身的日子到了。他首先想到的便是出卖祖宗的土地。于是,成立福长地局,打算出放哈拉巴山、达冷等处的荒地,用来偿还宿债。可是这件事被福晋育木吉特发觉,一纸诉状把他告到理藩院,要求朝廷加以限制。由于福晋"从中作梗",济克登旺库尔只得作罢此事。后又决定出放采哈新甸荒。

采哈新甸荒并不是卓哩克图亲王的领地,而是归属本旗温都尔郡王。卓哩克图亲王济克登旺库尔在没有征得温都尔郡王同意的情况下,将长六十里、宽三十二里的采哈新甸荒抵押给祥泰德商号吴玉祥,并把蒙文印据押给吴玉祥作为凭证。

事已至此卓哩克图亲王济克登旺库尔仍不满足,他又与本旗台吉[①]三音吉雅、德兴阿、色旺东喀鲁布等人合谋,把采哈新甸荒佃租给"民人"(流入本旗的汉人)王铭、张显芝、吕长安等五百余人。共计报领荒地十二万八千坰,领得地照一百二

---

①　台吉:蒙古语,贵族的称号。

十八张。卓哩克图亲王济克登旺库尔从中收取荒价东钱六十五万七千六百吊。

但事情败露后，债主、佃户纷纷上告，于是引发了一场旷日持久的官司。光绪十七年（1891）老卓哩克亲王济克登旺库尔病故，光绪二十年（1894），老卓王的儿子丹色里特旺珠尔也死了，官司仍然悬而未决。老卓王的孙子额尔德木毕力克图袭爵王位，债主、佃户仍在上告。直到光绪三十三年（1907）十一月三日，军机大臣写信给理藩部及徐世昌、唐绍仪等，又惊动了圣驾。光绪皇帝《在关于控告"达尔罕亲王那木济勒色楞，售荒得财，抗不拨地，迹近诓骗"的奏折》上朱批："按照所陈各节，确切查明，据实具奏，勿稍徇隐，原折著抄给阅看，钦此"。

接到皇帝谕旨后，理藩部会同东三省督抚徐世昌办理此案。选派辅国将军辽阳城守尉宗室德裕、奉天高等审判厅推事陶祖尧、候补直隶州知州明哲三人，前来科左中旗三堂会审、确切查明，要解决二十多年的悬案。经调查后，三人上疏给光绪皇帝一份详细的奏折，将此案的来龙去脉原原本本地奏告皇上，并提出了解决方案。光绪三十四年（1908），皇帝朱批："著照所请，该部知道，钦此。"

得到便宜的是卓哩克图亲王，达尔罕亲王因是科左中旗札萨克，替卓哩克图亲王当了一回被告。徐世昌等人按照皇帝的批示，制定了《出放采哈新甸荒章程》，对采哈新甸荒重新丈放，以所得荒价偿还债主京城祥泰德商号吴玉祥，佃户王铭、张显芝、吕长安等人的债款和原来所付荒价，余下钱款用来补偿这些人在二十余年诉讼过程中所蒙受的损失。两项合计折银二十六万二千八百四十八两二钱一分二厘，还剩下正价银二万九千多两，全部归本旗札萨克作为公用。

此次放荒，可谓一波三折。当黄仕福和卓哩图亲王本以为可以顺顺当当丈量土地、编号卖钱了，意想不到的事情再次使放荒工作陷于停顿。乌泰王响应外蒙古哲布尊丹巴独立，举兵叛乱。但乌泰王被打垮以后，他手下的一部分散兵游勇逃窜到东扎鲁特区域，纠集一帮人马再次发动骚乱，杀西扎鲁特公爵、东扎鲁特福晋，攻陷了开鲁。此时一些胡匪也趁机骚扰，四处抢掠。这一事件从十一月十二日发生至十二月一日才平息，可是人心慌乱的状态并未在短时间内得以解除。而在此之前，黄仕福已派人到辽宁、吉林、河北、山东等地招商，那些揣着银子前来买地的人听到这个消息后纷纷"止步不前"，甚至"打道回府"。直至匪患平息，可时间已经又过去几个月了。此外，还发生了一起事件，荒务总办内部一个叫刘振亭的收支员，中饱私囊，造谣惑众，致使人心动摇，放荒一度中止。

宣统元年（1909）二月十六日，开始按照东三省总督徐世昌所奏准的《出放采哈新甸荒章程》办理出荒事宜。至当年八月底，将本旗内东南自老荒地之边界起，西北从六十面井、采哈新甸到五棵树迤东三处荒段全部丈放完竣，共丈放生荒八万六千零八十五垧。按照《出放采哈新甸荒章程》规定实行三七折扣，实荒约为六千零二百六十垧。镇基按一百五十八万四千平方丈计算，与原来奏请批复准许出放

第二章　达尔罕王旗的历次出荒 ■

的面积一致以外寸土未增,出放面积五百二十平方公里。

采哈新甸荒出放后,由双山县管辖。至此,科左中旗总面积二万二千七百一十四平方公里缩小至二万二千一百九十四平方公里。

时至中华民国三年(1914),采哈新甸荒收租一事因双山县牛知事从中插手又节外生枝。为此,于民国三年十二月二十二日哲里木盟协理盟长和硕温都力亲王致函奉天巡按使,表达了对双山县牛知事的不满。

哲里木盟协理盟长和硕温都力亲王致函奉天巡按使影印件:

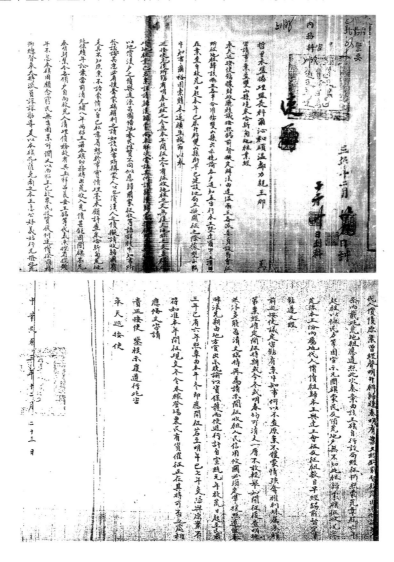

哲里木盟协理盟长和硕温都力亲王致函奉天巡按使原文:

哲里木盟协理盟长、科尔沁和硕温都力亲王那

咨请事案查双山县境采哈新甸地租业经

奉天巡按使□据财政厅核议,按照锡前督拟定办法,由达、温两王各派委员设局会征所征收地租,归该两王各半分用,饬双山县出示晓谕,各户周知,并咨行本王暨达尔罕王遵照在案,查自放荒日起本年已届升科,双山县衙早已建设地局,正拟开征之际,据双山县牛知事尔裕因索贿未遂横生枝节以奉巡按使先后所饬有明春起租之令,无本年开征之令,有征收地租之文,无复丈地亩之文,并称此项地租案已另案详请,归汉归蒙尚未解决,当语其何谓归汉归蒙,据称双山县□□□以地偿汉户之债,与辽源昌图借地养民性质不同,似应归国家征收等语。详核牛知事所发议论其意必有攘夺蒙旗权利之请,如该知事所称蒙人以地偿汉人之债,拟请收归国有是其不知原案,不语蒙情,以自己私意着想,于事实情理毫未顾计。

查采哈新甸荒地纯系积年讼案,当前清光绪八年西昭王①署本旗印务时出荒收入荒价甚巨,因阁旗不允奏明封禁令,各领户自向放荒人清理债务,故有吴玉祥、吕长安、王铭等代表亲控,省控频年不息。本旗因顾念穷民无资,因累可怜,又以西昭王已故,众民投资从何追偿。徐国务卿总督、奉天特派员谆谆劝导,是以本旗札萨克商之,本王急公好义,姑行允拨此荒代人偿债。原案曾经声明,升科归旗奏明有案,又经锡前督放荒出示晓谕,第九条内载此荒地租应遵照此次奏案,由该王旗自行设局,经征,仍照蒙荒章程,六年起租以恤民力等因宣示,凡阁旗蒙民及领荒地户无不知此租归蒙旗征收,况采荒系本王份内属地,代人偿债租归本王与达王会征及征租数目早经锡前督定准。饬遵,又经前巡按使议定咨饬有案,牛知事何以不查原案不体蒙情,强夺权利,殊属不解第案。经确定,开征时期或今冬或明春,均可清丈一层不敢轻举,如开征后查明地未浮多,能否清丈,临时再为请示开征。收租人民信用攸关,必须定准。援照辽攘奉办法先期由地方官出示晓谕,以资保护而便进行计,自宣统元年放荒日起至民国三年已有六年照章,由本年冬即应开征,若至明年已七年矣。恐与原案不符,如准本年开征,现交冬令禾稼登场,农民有资,催征正在其时,可否之处,相应备文咨请贵巡按使,鉴核示覆遵行此咨奉天巡按使。

中华民国三年十二月二十三日(印章)

---

① 西昭王,又称西兆王,即卓哩克图亲王。

中华民国四年一月六日奉天巡按使张（作霖）答复了温都力（尔）亲王的咨请，并明文规定将采哈新甸租项归达尔罕王旗征收。

中华民国四年一月六日奉天省政府批文影印件：

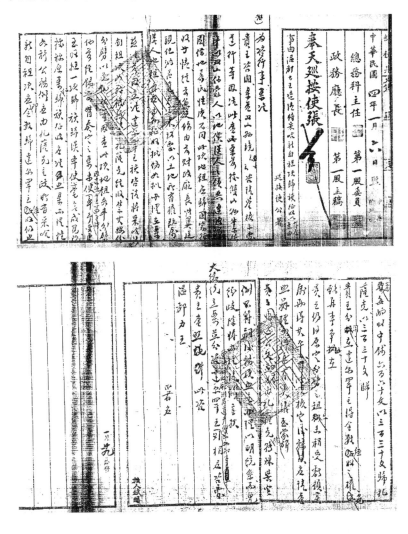

中华民国四年一月六日奉天省政府批文原文：

中华民国四年一月六日监

　　　　　　　　　　　总务科主任（印章）

　　　　　　　　　　　第一股委员（印章）

　　　　　　　　　　　政务厅长（印章）

第一股主稿(印章)

奉天巡按使张(印章)

事由:

温都力王咨请将采哈新甸租项归旗征收以符原事由

为咨行事案准

巡按使公署

贵王咨开,案查双山县境云云,咨请鉴核示覆遵行等因,准此。查此案前,据双山县牛尔佐详以双山县蒙人以地偿汉人之债,与辽源昌图借地养民性质不同,此项地租应归国家征收等情,经前□□使饬由前财政厅长张翼廷,现任洮昌道尹至来饬处,以土地所有权既属汉人地租,自应由县征收批饬如拟办理在案。

兹准前因,并准达尔罕王旗咨请,将采哈新甸租项如数拨归□□扎萨克经收,禁其按份分劈,以免偏祐等因。查此项地租各半分劈,系前经锡前督奏定之案,未便因违凭二王一面争持率予变更,至收租一项归旗归汉,本使毫无成见,既据称原案仍归旗征收,应准照案办理。

惟各旗公务例应由扎萨克主政,所有采哈新甸租项应即全数归达尔罕王经收。仍照案每垧收中钱六百六十文,以三百三十文归扎萨克,以三百三十文归贵王分用,在达尔罕王得全数经收之权免致再事争执。在贵王仍得原定分劈之租亦未补受亏损,实属两得其平。□□□核定□□□应请查照办理,勿得再有异议。

贵王至蒙旗递送公文,例应并由扎萨克饬转□晢定例不符,嗣后务须照章办理,以明统系而免分歧。

除将办理□□呈报大总统立案,并分咨达尔罕王□□财政厅、洮昌道尹、双山县知事外,相应咨覆贵王查照,此咨。

温都力王

署名

一月廿九日

中华民国十年,在采哈新甸荒出放后的梨树县,地租的收缴问题上又发生一起错判案件,此案当事人将多征收地租之事呈请奉天省政府核实。

当年九月二十日,奉天督军兼省长张作霖对此案件作出裁决,并照会科左中旗。

奉天督军兼省长张作霖给科左中旗照会的影印件：

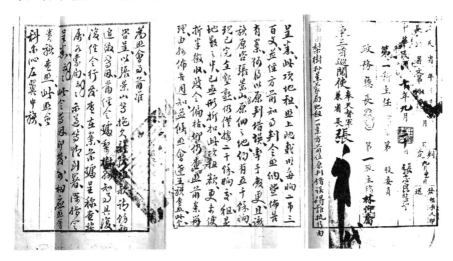

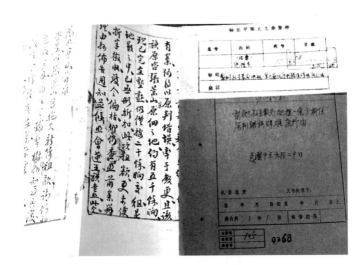

奉天督军兼省长张作霖给科左中旗照会的原文：

民国十年九月二十日　张志良监□
第一科主任(印章)　第　股委员
政务厅长　第一股主稿　林仰乔
东三省巡阅使、奉天督军兼省长张
事由：
梨树县呈蒙局地租一案方前任原判错误碍难执行由

呈悉,此项地租,照上既载明每垧二吊三百文,并经方前知事判令照纳,暨布告有案,何得以原判错误,率予变更,且该旗原咨张景山等原佃之地,约有五千余垧,现已完全垦熟,仍仅按二十余垧交租,是地数之中,已无形折扣,此项租额,更未便折半征收,致今偏枯,仰仍查照前案办理,由县布告周知,并候照会达王旗查照。此令为照会事,前准。

咨呈,以张景山等拖欠新陈租款,请饬知追缴等因。当经令据梨树县知事具覆,后经令行发查在案,兹据呈称,查梨属各蒙局云:示遵。等情到署,除指令呈悉。云:此令等因印发外,相应照会贵旗查照。

此照会科尔沁左翼中旗

三　出放洮辽站荒

洮辽站是科尔沁左翼中旗札萨克达尔罕亲王的领地,位于洮南至辽源(郑家屯)两地之间道旁的荒地。

洮辽站荒(又称站道荒),从宣统二年(1910)正月开始出放,第二年丈放完毕。

光绪年间盛京将军赵尔巽屡次奏请朝廷,要求开放科左中旗所属的从辽源州以北、经卧虎屯至边昭之间的荒地,但没能得到批准。光绪三十四年(1908)十二月,东三省总督徐世昌为改修洮南、辽源两县之间官道,向朝廷奏请道:

> 洮南府为哲里木盟之奥区,东三省之要冲。从达尔罕王府至辽源州中间二百余里,无系该旗之管界,荒漠连绵,村落寥寥,为行旅深感艰难之地。加上蒙丁蒙会(蒙古团练)经常欺凌旅客。商贾之往来,常为远处驻扎而苦。前将军赵尔巽,曾屡次奏请,要求开放其地,因当时该旗吴玉祥一案,经多年缠讼不得解决,致使此议受牵连。然今天、已得解决。据查从辽源州以北,经卧虎屯至边昭,其间共计二百数十里处,均系该旗所管辖,将此段一律开拓,通为官道,其临路之地段各划十里为垦田区,以此联络洮辽,双解永远阻隔之患云云。

徐世昌一面奏请朝廷,一面与科左中旗札萨克进行交涉,要求出放其间荒地。科左中旗札萨克认为,此次出放会造成台吉、壮丁生计之障碍,断然不从。

宣统元年(1909),锡良接替徐世昌东三省总督之职,又上疏奏章,向朝廷建议:为防止日俄两国入侵蒙古地区,应当鼓励向蒙地迁移,并力举别旗开垦进学之例,要求解决悬而未决的洮辽站荒丈放问题。同年二月,得到皇帝御批。锡良再一次与科左中旗札萨克达尔罕亲王进行商议出放荒地,经过多方沟通终于得到科左中旗亲王应允。

宣统二年(1910)正月,成立以宗德裕任总办、以候补知府段鸿寿为地办的洮辽站荒丈放机构,制定了章程二十二条,开始丈放洮辽站荒。宣统三年(1911)初,丈放完竣。从辽源州东北的闫家崴子为起点,沿着洮南府一直到科左中旗与四子王旗的交界点边昭,全长约一百四十四华里、宽二十华里。以道路为界东侧为十八里,西侧为二里,合二十里。实际丈放荒地面积一千二百八十平方公里。洮辽站道出放后,划归于辽源州管辖。至此,科左中旗总面积从二万二千一百九十四平方公里缩小至二万零九百一十四平方公里。

丈放机构制定的丈放洮辽站荒章程影印件:

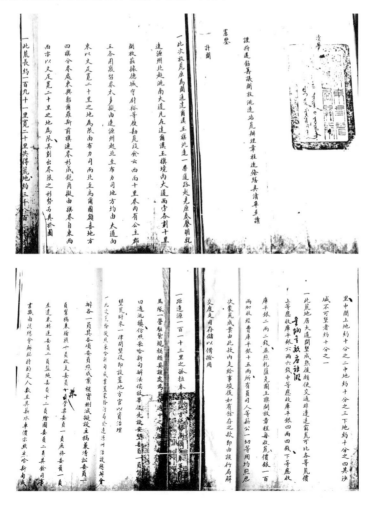

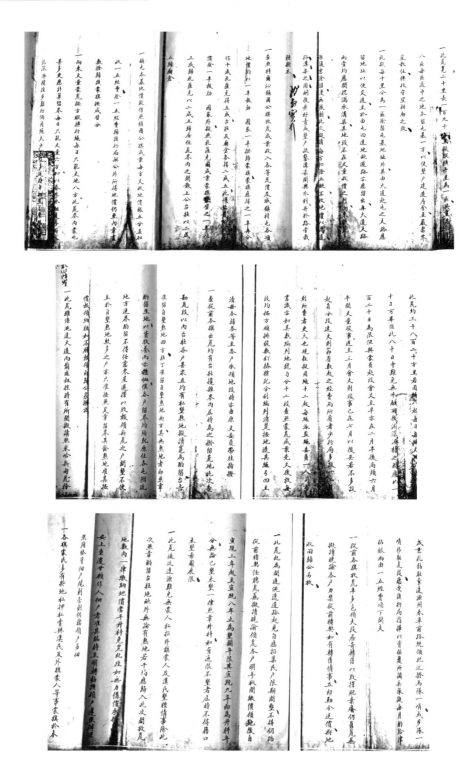

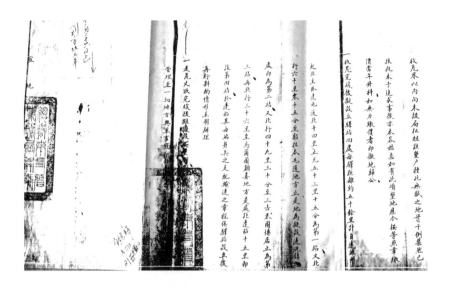

丈放机构制定的丈放洮辽站荒章程原文：

谨将遵饬筹议开放站洮辽荒办理章程逐条缮具清单呈请宪鉴

计开

一、此次放荒原为开通达尔汉王旗洮辽一带道路起见，原奏声明就辽源州北赴洮南大道，凡在达尔汉王旗境内大道两旁各划十里开放。兹据德城守尉裕等覆勘荒段佥云：西面十里界内有公主、郡王各园寝留界太多，拟由辽源州起，北至布力司地方，均由大道向东，以丈足宽二十里之地为限，由布力司而北，至乌尔图额喜地方四旗分界处，东与郭尔罗斯前旗连界，形成锐角，拟由旗界自东而西，亦以丈足宽二十里之地为限，其划出界限之形势另具于图。

一、此荒长约一百九十一里，宽二十里，共得荒地约三千八百二十方里，中间上地约十分之二，中地约十分之三，下地约十分之四，其沙碱不可垦者约十分之一。

一、此荒地居大道开垦成熟后，颇便交通，非边远穷荒可比。各等荒价：上等应收库平银六两六钱（是垧是亩应注明），中等应收库平银四两四钱，下等应收库平银二两二钱，并照札萨克图王旗开放章程，每收荒价银一百两，加收经费库平银十五两，所有员司人等，薪公一切等用，均照历次蒙荒成案。由此款内支给，事竣后如有余存之款，即由该行局解交度支司存储，以备拨用。

一、距辽源一百一十三里之孤拉本毛道地方地势高原,有奉军前路马队一营驻扎,规模颇具。该处为荒段适中之地,拟留镇基一区,名曰通洮镇,依照采哈新甸办法,俟放毕后先设安垦委员一员,督勘垦荒,将来一律开垦后,即设置地方官,以资治理。

一、此次荒务拟照采哈新甸成案,置蒙务行局于辽源州治设总办会办各一员。其各项委照成案核实删减,拟设主稿兼清讼委员一员,帮稿兼稽核一员,收支委员十员,兼管票委员一员,庶务委员一员,差遣兼转运委员二员,监绳委员十二员,绘图委员二员,其余司事书职由该总会办临时酌定人数,至其薪水车价亦照采哈新甸成案开支。

一、此荒宽二十里,长一百九十一里,拟纵横十里为一区,共画为三十八区,每区适中之地各留屯基一方,以便垦户建造房舍,并严禁零星散住,俾收守望相助之效。

一、既拟每十里分为一区,除留屯基地址外,其由大道赴屯之支路应留地址以便交通。至于由屯四达地亩道路亦应留出,再大道支路两旁均应开挖泻水沟渠,其地段不在丈量收价之列,向来放荒多系随意除留,漫无限制,此次拟请每方扣除五亩,不收地价,以为道、路、沟、渠之用,嗣后并好责成垦户疏□。沟渠开,兴水利,并于路旁栽种树木。

一、查照科尔沁镇国公旗放荒成案,收入各等荒价及城镇村屯各项地价,均以一半报效国家,一半拨归蒙旗,蒙旗应得之一半再分作十成,札萨克得五成,台壮及庙仓各得二成五。此项站荒所收荒价除一半报效国家外,拟照札萨克图成案,蒙旗分劈之一半,以五成归札萨克,以二成五归居住荒界内之闲散王公、台壮,以二成五归庙仓。

一、镇屯各基地价拟依照镇国公旗成案,每方丈收地价银五分,并加收一五经费,除一五经费归该行局办公外,所得地价仍照向章尽数拨归该蒙旗按成劈分。

一、向来丈量蒙荒按方纵横行绳,每日只能丈地八方,此荒界内蒙屯甚多,更应计算留界,每日只能丈量六方,加以春季冰融夏季雨大泥深潦积跬步难行,倘用绳太少不惟多延时日,抑且奢靡经费,查此荒约三千八百二十方里,若用绳八起,每日每绳丈地六方,约八十日可毕。惟此八十日中难免无冰融雨后泥深潦积之时,应以一百二十日为限,但与蒙员赴段会丈至早亦在二月半后,尚须六月半间丈量竣事,迟至三月会丈,则竣事已在七月以后矣。若不多设起员分段速丈,则节省数起之经费,而所省者少行局多设一二月,则所费者更大也。现在拟用绳十二起,每绳派监绳委员一人,司事书识亦如其数编列地号,匀分十二段,查照蒙荒成案,先丈后放,每段均按方顺排号数,钉桩标记,分别编列清楚,按地造具绳弓四至清册各归各等,至各户承领地段时亦由原丈委员带往指拨。

一、查从前各旗出荒均有台壮扰杂,界内届时为之拨留荒地。此次查勘荒段以内台壮各户甚众且均有私垦熟地,拟请宽为酌留。台吉准留自垦熟地四方,壮丁准留自垦熟地两方,其无熟地者即照章酌留生地,以资牧养而示体恤。惟各户留界均须就原住各屯附近地方连界酌留,不得任意零星选择,以致报领新荒之户开垦不便。至于自垦熟地较多之户,亦只准按照定章留界,其余熟地准其按价报领纳租,如不愿报领,即归公家拨放。

一、此荒虽系洮辽大道,而胡匪劫掠时有所闻,拟请照采哈新甸荒务成案札饬驻扎辽源州奉军前路统领就近拨马队一哨或步队一哨,移驻荒段,听受该行局指挥,以资保护所调兵队,拟每月酌给津贴银两由一五经费项下开支。

一、从前各旗放荒半多包领大段,居奇转售,以致择肥弃瘠仍旧荒芜,拟请晓谕各户,力禁从前积弊。如有转售情事,立即勒令退价,将地收回归公另放。

一、此荒既为开通洮辽道路起见,自应招集民户限期开垦,不得仍蹈从前积弊,任听荒芜,拟请晓谕,领荒各户明年秋间缴价领地后,自宣统三年起至宣统八年止为垦辟年限。其宣统九年即为升科年分,无论已垦未垦一律照章升科,如有逾限不垦者,届时不得藉口未垦希图展限。

一、此荒逼近辽源,难免无蒙人私招外旗蒙人及汉民垦种情事,除此次照章酌留台壮地亩外,无论有熟地若干,均应归入此次开放荒地数内,一律缴纳地价。当年升科免究既往,如无力备价承领而久安土重迁、甘愿作人佃户者,准其临时呈明转饬该领户遵照办理,然须恪守佃户规则,否则仍听领户另佃。

一、各旗蒙民多有将地私押私卖与汉民及外旗蒙人等事,蒙旗于未放荒界以内向未设局征租,该垦户种此无赋之地,实干例禁。然已往既未予追求,事后亦未容姑息,如有此项垦地,应令按等照章缴价当年升科,如无力缴价者,即撤地归公。

一、放荒完竣后,拟设立驿站四处,每驿距离约五十余里计,自辽源州起北至卧虎屯,迤北十四里止,凡五十三里十五分为第一站。又北行六十里零十五分至郭拉本毛道地方止,是地为拟设通洮镇之处,即为第二站。又北行四十九里三十分,至三吉米图博店止,为第三站,再北行三十六里至乌尔图额喜地方,是处距边昭十五里即设第四站。于边昭,其每站弁兵之支配输运之章程,俟驿站设立后再行斟酌情形呈明办理。

　　一、是荒丈放完竣后,虽拟设安垦局,其民蒙词讼案件应仍归辽源州
管理,至一切地方兴革事宜,即由安垦局委员商同辽源州禀明核办。

此荒段丈放后,绘制了奉天省辽源县洮辽站荒全段示意图(参见图1—5),从
图说中可以看出此荒段丈放之全貌。同时也绘制了乐安、保康、太平川三镇基的全
图(参见图1—6)。

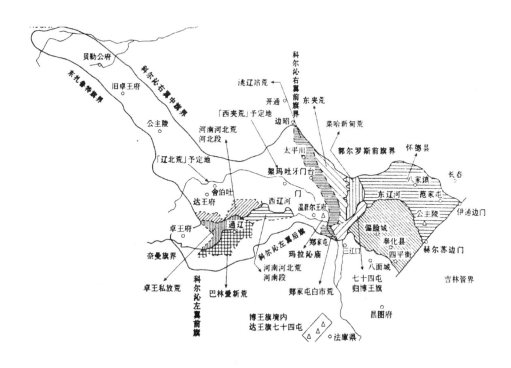

图1—5　奉天省辽源县洮辽站荒全段示意图

据史料记载:

　　按洮辽站荒奉令出放,南由哈卜土改起,北至边昭界,四王旗分界止,
计子午线南北长一百四十五里零七十二弓。内分十四段五里零七十二
弓。每段子午十里,卯酉线电杆西一里,东十九里计二十里。共出放荒地
分为四等,上地毛荒一万九千一百三十七垧九亩四分,中地毛荒一万四千
八百六十垧零九分五厘。又十四段内杂项留界等,共毛荒二万八千四百

零六垧六亩一分。又十四段内杂项留界等,共毛荒五百七十三垧五亩五
分。又乐安、保康(今三林南茂林北)、太平川(原定敦化)三镇基,并义
地、官土坑等,共毛荒五百四十垧,又汽车道等毛荒九十余垧……

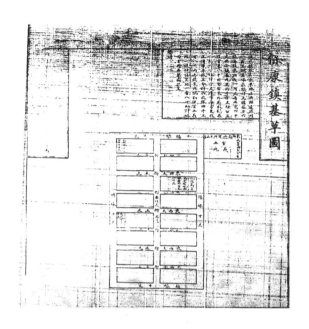

图1—6　保康镇基草图

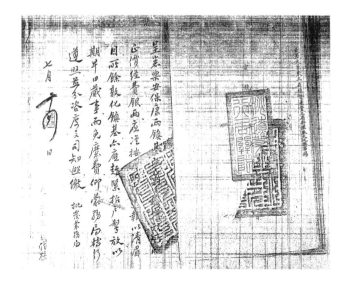

　　洮辽站荒从宣统二年正月开始丈放,到宣统三年初全面结束。但是,在历次放荒开始之初不仅明确了丈放的荒段,也明确了边邻四至,然而在实际丈放过程中越界侵放时有发生,甚至出现侵占陵寝、庙界、庐墓等现象。

　　宣统二年三月十五日,温都尔亲王呈请停放本王先世坟墓、公主陵、寺庙界址以及台壮生计地,并给钦差大臣、东三省总督兼管三省将军事务饧、钦命副都统衔奉天巡抚的呈文。

　　宣统二年三月十五日,温都尔王关于停放生计地呈文影印件:

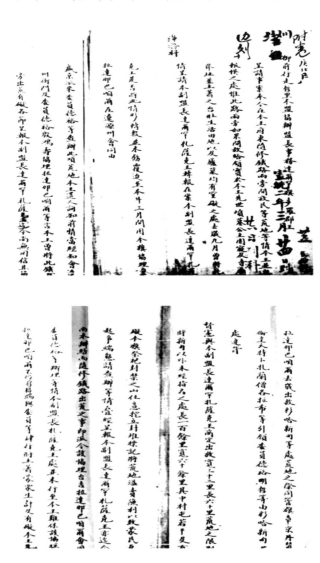

世陵墓寺廟界址於不顧等情雖經預先呈請本副盟長達爾罕扎薩克王轉
報因亦未蒙飭覆除彼將此情分行遼源州委員殷鴻壽德裕協理拉達那
巴咱爾等請將該協理拉達那巴咱爾本派放此荒地自何處起欲賣給
民家若干里詳細咨覆外仍恐藉端鉄路將本王所屬土著台壯蒙田園
及本王先世陵墓公主園寢寺廟附近之地賣給民家實屬有礙礙難
照懇請照自山海關修築鉄路往來無礙良民於生計之章程辦理實
為公便并情已呈報本副盟長達爾罕扎薩克王轉詳
督憲及盟長公非收新徵照自山海關修築鉄路豫備國家驛站並無遺憾

非從前國家以安民生活為念前將本王祖籍之地開放如今已逼近王府
出放開放使人佔據若干屯地致一旗台壯等生計已極為困苦茲稱懇
將隨路兩旁之地仍令本旗土著台壯等安生以免有遷移之苦而俾蒙
耕種不失原業希為照依呈報各情俾築鉄路勿礙於蒙民生活實為
公便須至呈者

右　　　　呈

欽差大臣東三省總督兼管三省將軍事務錫
欽命副都統銜本天巡撫程

宣統二年三月十五日

宣统二年三月十五日，达尔罕温都尔王关于停放生计地呈文原文：

御前行走哲里木盟协办盟长、事务达尔罕旗多罗郡王

宣统二年三月二十四日到局

三月二十八日到科

呈请事案奉令在本王府东,随修铁路两旁开放民等荒地等情,本王并无报误之处。惟此路两旁如果开放给领,实于本王先世坟墓、公主园寝及寺庙界址,并土著之台壮生活田地,以及庐墓均有窒碍之处。去岁九月,曾将此情呈请本副盟长达尔罕札萨克王转报在案。本副盟长达尔罕札萨克王是否将此情形转报,并未饬覆。迫至本年三月间,因本旗协理台吉拉达那巴咱尔,在辽源州会同由盛京派来委员德裕等,查办此项荒地。本王遣人询知前情,当经知会辽源州衙门及委员德裕殷鸿寿办理。拉达那巴咱尔等言,本王曾将此铁路旁出荒有碍各节,呈报本副盟长达尔罕札萨克,迄今尚无回信。且协理拉达那巴咱尔去岁出放彩哈新甸等处荒地之际,同管旗章京丹赞伦达大特卜、扎兰僧各拉布等,引领委员德裕、明哲等,由彩哈新甸等处,违背督宪与本副盟长达尔罕札萨克王商定,出放宽三十二里、长六十里荒地之限制,将新甸以外,未经指名之处,长一百余里、宽六十余里,其中村屯若干及有碍本旗祭祀封禁之山,任意挖立封堆标记,将荒地溢卖渔利,以致蒙民互起争端。恳请查办等情,叠经呈报本副盟长达尔罕札萨克王,亦迄今尚未办结。而随修铁路出荒之事,即派令该协理台吉拉达那巴咱尔会同委员德裕等办理等情。

本副盟长札萨克王处,并未行至本王,难保该协理拉达那巴咱尔不仍前籍端与委员等肆行,将土著蒙众生计及有碍本王先世陵墓、寺庙界址于不顾等情。虽经预先呈请本副盟长达尔罕扎萨克王转报,因亦未蒙饬覆,除复将此情分行辽源州委员殷鸿寿、德裕,协理拉达那巴咱尔等,请将该协理拉达那巴咱尔奉派放此荒地。自何处起欲卖给民众若干里、详细咨覆外,仍恐藉端铁路,将本王所属土著台壮庐墓田园及本王先世陵墓、公主园寝寺庙附近之地卖给民众,实属有碍,碍难照垦,请照自山海关修筑铁路,往来无碍良民于生计之章程办理,实为公便等情,已呈报本副盟长达尔罕札萨克王转详。督宪及盟长公外使,祈仿照自山海关修筑铁路,预备国家驿站并无遗误。且从前国家以安民生活为念,叠将本王祖籍之地开放,如今已逼近王府。去岁开放复又侵越若干屯地,致一旗台壮等生计已极为困苦,兹惟恳将随路两旁之地,仍令本旗土著台壮等安生,以免有迁移之苦,而俾照常耕种,不失原业。希为照依呈报各情,仅筑铁路勿碍于蒙民生活,实为公便,须至呈者。

右呈

钦差大臣东三省总督兼管三省将军事务锡

钦命副都统衔奉天巡抚程

宣统二年三月十五日

在出放荒地中,虽有明文规定界址,但在实际丈放时都有越界侵犯蒙民之实。宣统三年九月初三,东三省屯垦总局局长叶景葵、副局长熊希龄、陈廷绪,关于放荒地界一事给东三省总督部堂赵尔巽呈文。

宣统三年九月初三,东三省屯垦总局局长叶景葵、副局长熊希龄、陈廷绪给东三省总督部堂赵尔巽呈文影印件:

宣统三年九月初三,东三省屯垦总局局长叶景葵、副局长熊希龄、陈廷绪给东三省总督部堂赵呈文原文:

东三省屯垦总局副局长熊希龄

东三省屯垦总局正局长叶景葵

东三省屯垦总局副局长陈廷绪

为呈覆事案奉

宪札据洮辽站荒行局总办黄道仕福呈遵札,查明多罗郡王招垦丈荒情形,绘具图表,并以夹荒地段除台壮留界,及已垦熟地外约有生荒六百方,已与该郡王商允全放,一切章程仍请照站荒成案办理,并据称现招汉民垦熟之地六十九方,敬请转恳,照土默特喇嘛沁之例作为该王自产,免其归公。另放等情,饬职局迅即妥议呈覆,以凭核办。并将图表札发等因奉此。查站道迄东南端夹荒与该旗抵债所放采哈新甸荒地毗连,犬牙相错,横梗中断,自应全行开放,以免交通隔开邻屯断续,致于地方管理多有未便。黄道与该郡王磋商,全放自是正当办法,惟该郡王,秩居闲散不过,准其游牧,并无管领此段荒地之权。虽经该郡王许可,而该管旗主并未与闻,既未便,据以入告,且恐后多翻异,应请查照,应与蒙旗交涉成例,由宪台再行派员与该旗札萨克达尔罕亲王磋商妥洽,取其印务处印文再行奏办。

委员将事开办,并应由该旗印务处派员会同丈放,以杜阻挠而免后言。至该郡王自招外来汉民垦种,本干例禁,所请除留,已招垦熟之地六十九方作为该王自产,此等办法虽各旗皆所不免,但该王公自留生计,每年收租以供府中养赡,究无作为。自立之说,所请似难照准。所有遵札妥议,情由理合具文呈覆,并将原发图表呈缴。

是否有当伏候

宪台核夺批示祗遵须至呈者

计呈徽图一份表三纸

右呈

钦差大臣东三省总督部堂赵

批示:应否立即派员与该旗札萨克会商开放抑或暂缓之处

宣统三年九月初三

四 出放巴林爱新荒

巴林爱新是科左中旗卓哩克图亲王的领地,东起巴林塔拉,西至爱新庙,北至西辽河,南至小细河,外加北岸胡家园子一带。

巴林爱新荒是旗卓哩克图亲王为了偿还在京城行贿的债务而请求出放的两处土地,1912年卓哩克图亲王以清偿为由提出申请,得到批准后开始丈放,1917年丈放全部结束。

光绪三十三年(1907),老卓哩图亲王额尔德木毕力格图病故,因无嗣其弟色旺端鲁布承袭爵位。色旺端鲁布是一位喇嘛,在报请理藩部时因喇嘛身份不准承袭。为了达到承袭爵位目的,色旺端鲁布前后动用大笔钱财在京师各部进行周旋,终于在光绪三十四年(1908)戊申十二月丁巳承袭了卓哩克图亲王爵位。为此,这也给卓哩克图亲王色旺端鲁布在经济上造成了巨大债务。

中华民国元年(1912)四月十六日,色旺端鲁布亲王向东三省都督赵尔巽呈请丈放卓哩克图王府领地巴林他拉牧场荒段,以清偿债务。赵尔巽转呈请袁世凯大总统批示,得到了出放批准。

中华民国二年(1913)初,设立丈放巴林爱新荒务局,并拟定出荒办法十九条,明确划定了荒段。

巴林爱新荒段位于科左中旗卓哩克图亲王所属由巴林塔拉至爱新庙止,南起小细河,北到辽河南岸,长约五十华里、宽三十华里。后来,因卓哩克图亲王色旺端鲁布欠债太多,只丈放此段荒地无法还清所有债款,又从卓哩克图亲王所属的辽河北岸胡家园子出放荒地一百四十七方。两处荒地共计六万七千余垧(一千二百方),东西长五十公里、南北宽三十公里,总面积约七百七十五平方公里。

巴林爱新荒自中华民国二年(1913)四月二十二日开始丈放,到民国六年(1917),历时四年,巴林爱新荒段出放全部结束。

巴林爱新荒出放后,镇基设在辽河东五里的通辽,划归于通辽县管辖。至此,科左中旗总面积从二万零九百一十四平方公里缩小至二万零一百三十九平方公里。

哲里木盟科尔沁和硕卓哩克图亲王色旺端鲁布为出放土地,向东三省都督呈文的影印件:

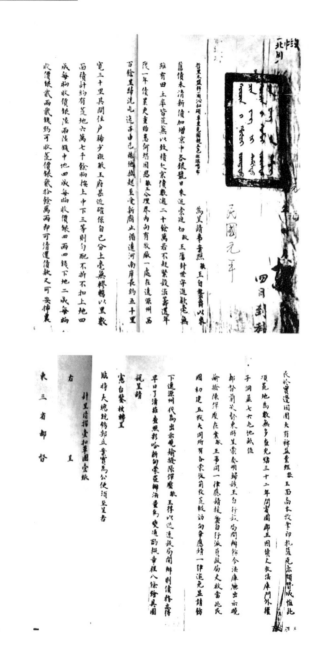

色旺端鲁布向东三省都督的呈文原文：

中华民国元年四月到科

哲里木盟科尔沁和硕卓哩克图亲王色旺端鲁布

为呈请事案照，敝王自袭爵以来，旧债未清、新债加增。京中各银号日来追索迫切，敝王藩封世守，进款毫无，虽有田土，率皆荒芜，以致积欠京债数逾二十余万，若不赶紧设法筹还，年复一年，债累更重，贻患何堪。

因思敝王分理界内，向有牧场一处，在辽源州西百余里，归流屯迤西，由巴林他拉起至爱新庙止，循辽河南岸，长约五十里、宽三十里，其间住户稀少，距敝王府甚近，确系自己分土毫无纠葛。以里数面积计约有荒地六万七千余垧。按上、中、下三等则匀配，不折不扣。上地四成，每垧收价银六两六钱；中地四成，每垧收价银四两四钱；下地二成，每垧收价银二两二钱。约可收荒价银贰拾余万两，即可清还债款，又可安插农民，于实边固围大有裨益。

业经敝王面商本旗掌任札萨克，亦颇赞成。惟此项荒地为数无多，查光绪三十二年间，宾图郡王①因债丈放法库门外獾子洞，并七六屯地亩，值都督前次督东时，呈蒙奏明归该王自行设局开放，饬令法库厅出示晓谕，拨队弹压在案。

敝王事同一律，应请援案，自行派员设局丈放。当此民国初建，五族大同，所有各蒙从前放荒报效向章，应请一律邀免并请饬下辽源州代为出示晓谕，拨队弹压。

敝王得以迅速设局开办，则债务亦得早日了清，兹查照彩哈新甸蒙荒办法，量为变通，酌拟章程八条，绘具图说。呈请宪台鉴核

转呈临时大总统，饬部立案，实为公便。

须至呈者

计呈请折壹扣，草图壹纸。

右呈

东三省都督

根据卓哩克图亲王色旺端鲁布向政府的提请，东三省都督赵尔巽转呈袁世凯大总统申请批示，得到了丈放批准。

巴林爱新荒从东三省都督赵尔巽任命候补道黄仕福为该荒务之总办开始，事多障碍，枝节多端。虽然，在同年四月二十二日就着手进行丈放工作，但当时的达

---

① 宾图郡王：宾图旗位于科左前旗，是成吉思汗仲弟哈布图·哈萨尔十七世孙洪果尔的领地。1936年，清太宗皇太极封洪果尔为札萨克多罗宾图郡王，诏令世袭罔替，到光绪三十二年第十二代札萨克宾图郡王为棍楚克苏隆，第十三代札萨克宾图郡王为丹巴道尔吉（1912年至1929年在位）。

尔罕亲王及贝勒、贝子等召集属下壮丁五百余名,声言该卓王财政混乱,不弄清楚不得出放荒地,以免产生事端酿成恶果。又请出集宁寺高僧察罕达尔罕呼图克图亲王色旺诺尔布进行斡旋调解①,终于在当年七月二十五日开始丈放。

中华民国二年三月十五日,荒务总办黄仕福给奉天省政府呈文,详细报告了巴林爱新荒的丈放情况。

巴林爱新荒务局公文影印件:

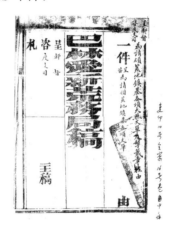

中华民国二年三月十五日荒务总办黄仕福给奉天省政府呈文影印件:

---

① 卓哩克图亲王色旺端鲁布,在孟克昭庙学经时结识了蒙古高僧察罕达尔罕呼图克图亲王色旺诺尔布,所以这个佛爷喇嘛以自己的宗教威望说服了达尔罕亲王及贝勒、贝子等,得到了各家王公的应允。

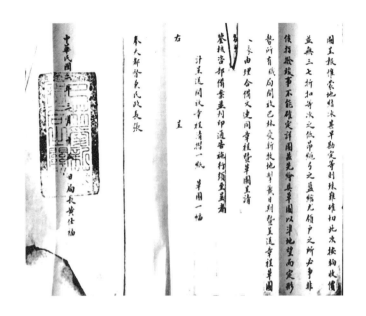

中华民国二年三月十五日荒务总办黄仕福给奉天省政府呈文原文：

巴林爱新荒务局之印

巴林爱新荒务局为呈送事，窃局丈量巴林爱新牧地，业于本年二月中旬一律丈竣。叠据各起监绳委员呈送图册前来，贱道督同核册，各员均稽支配，并与蒙员及各债户领户磋磨商议，次第就绪。决定本月二十七日召集各债户领户掣签。所有掣签农耕法，业已另文呈报在案，惟查应办荒务章程，凡开放之际，应由该局体察情形，详列细章呈请，分别转报立案。贱局视同一律自应遵章办理，谨将蒙王放荒宗旨、贱局筹办情形，现在开放手续，将来善后办法，详订章程十九条，呈请。

核定咨部立案，并乞刊印示谕二百张钤发，贱局张贴各处，以便通告周知。至全荒地段业已丈竣，所有区划方里情形，自应绘图呈报。惟蒙地结冰，甚早勘定等则殊难确切。此次按垧收价并无三七折扣，等次之低昂、绳弓之盈缩，尤领户之所必争，非指挑拨竣事，不能确定详图，兹先绘其草图以准地，望而定形势，所有贱局开放巴林爱新牧地掣签日期，暨呈送章程草图。

□缘由理合备文连同章程暨草图，呈请。

鉴核咨部备案，并刊印通告施行，

须至呈者

计呈送开放章程清样一纸、草图一幅

右呈

奉天都督兼民政长张(作霖)

中华民国二年三月十五日

黄仕福

巴林爱新荒的出放,不仅有小吏用权巧立名目中饱私囊的事,荒务局收支员刘振亭,也以自家经营的普裕公司名义收买了大段荒地,然后再转手出卖,从中捞取暴利,以肥私囊。同时,刘振亭又大造舆论,说什么荒段光有人请求要卖,但却没有前来备价永领,以此来掩盖他包揽大段,转手出卖的事实。并且,他利用郑家屯的世合当和裕胜当,以一元八角钱的小洋顶替白银一两作为地价付款。这一投机倒卖土地的事实很快被泄漏,丈放工作由此产生滞碍。此外开荒区域蒙民反对事件时有发生。民国二年秋天,开鲁县发生了暴乱,放荒工作受到影响。更有达尔罕旗各王之间地界纠纷。关于各王地界之争,中华民国三年六月二十三日哲里木盟盟长齐莫特色木丕勒向奉天省府及大总统呈文,详细报告了达尔罕旗卓、温两王因放荒地段引发争端一事。

中华民国三年六月二十三日,哲里木盟盟长齐莫特色木丕勒向奉天省府及大总统呈文影印件:

中华民国三年六月二十三日,哲里木盟盟长齐莫特色木丕勒向奉天省府及大总统呈文原文:

哲里木盟长齐莫特色木丕勒,为呈请备查事。

本年阴历五月十八日,准多罗贝勒派克登诺尔布林沁扎木苏呈称,为呈请查办事前,该宣统三年夏季,卓哩克图王开放巴林爱新荒时,派梅伦、珠楞阿,并由奉天派来黄仕福会同丈放,因将各蒙古村落、坟墓、熟地,有侵丈之处,故贝勒、贝子等出面拦阻,彼时经喇嘛色旺诺尔布从中调处,由卓哩克图王荒价银内拨出三万即了结,本贝勒所属二十三户人等拟按照民人办法出价,承买自己垦熟之地。不意黄仕福、珠楞阿等转售他人于中得利,自此争端肆起。呈报前来,本贝勒查□后,呈由本扎萨克转呈盟长□□□□□□□仁施,使王贝勒等会晤时,将蒙民牵累早日解决等因,于中华民国二年旧历八月间,奉本盟邦办盟务王扎开委派镇国公杨散扎布调处此事,贝勒杨散巴勒并未与吾等接洽。前往奉天,声称本贝勒所派张文良及邹顺发等,任意扰搅荒务等语,呈报都督。旧历九月间本贝勒复派邹顺发赴省,将前后情由声明呈报,旋由都督因二十三户争荒,派委刘士敬在辽源县荒务局居住月余,并未查办。复由副盟长因本属二十三户田地纠葛牵连孔家窝铺荒案,由杨贝勒派出白全诺木图,将由孔家窝铺至范家店,分给属众蒙户与实业公司议订,由国务院转呈大总统业蒙批准。故本贝勒方派邹润(顺)发与实业公司议订,本属蒙众自垦之荒,仍归自领两贝勒荒地,经实业公司派陆经理前来丈放,而署印协理都楞不遵大总统批令,兹由盟长照会本贝勒赴京,奈本爵因病遣代表张文良、邹润(顺)发等前往呈报。在奉天都督本以仁慈待遇蒙民,而所派黄委员百般拨弄,致使蒙民大受荼毒。本贝勒恐达尔汗王,由省请派委员前来丈荒,愈滋纠葛,本贝勒无法拟将七分子之荒放给属下,以息目前之争端等因呈请国务院。并非不由奉省呈请,而自行前来呈请者也。查本旗站荒,前由奉省派委黄仕福丈放,至今五载,荒价尚在无着。卓王荒地亦经黄仁福丈放,所有大段荒地竟自倒卖,得利肥己,已迄未究办。故本贝勒属众尚在受其荼毒,所有缘由合并呈报伏乞。

盟长王鉴核转呈并祈派员会同本旗扎萨克查明判决,则台壮各户感戴无极矣。本贝勒如有误访黄仕福之处,情甘领咎。倘此事如不呈请查办,任本扎萨克王放荒,则本旗蒙民互起争端,本贝勒难免负究,是以不欲出荒至卓王补要一百余方荒地一节,本贝勒情愿从中调处为此呈报。

又本月二十一日，固山贝子、达赖贝子、衔镇国公尼玛等呈称，查达旗荒地纠葛一案，本爵系属河北九分之分，业经呈明在案。兹奉令饬奉天民政长，会同盟长督同本札萨克清理等因，本爵自应听候处理。惟此事清理之后，本爵既系九分之内自有应得河北之产地，本爵情愿自己开垦，不愿丈放，故不得不预先呈报。查奉天丈放蒙荒，任意丈放自由处理，委派官吏弊实多端，终至地主失权，蒙民失业，本民前经由省派员丈放采哈新甸之荒，并出放温都尔王站荒，荒价尚有未得领者，小租亦在无着。出放卓王荒地时任意收价，越界侵丈，以至不敷丈放，至今尚在耩葛，此皆前辙之鉴。鄙爵已产实不欲置之剖削况况。本爵所属蒙户众多与他情不同，更不忍使伊等失其生计，故决意自行开办，仍以蒙古实业公司协力合办，但实行垦种并不丈放收价，断不至以尺寸之地出给他人。自与奉省行政权限毫无窒碍，即本爵之产地暨蒙民生计均可保全，除俟此案核准，再行另订合办开垦章程，分别呈报备案外，本爵为保全权利起见，不得不预先呈明，除分呈外合亟呈报伏乞，盟长鉴核施行，为此呈报等语。

又于本月二十一日，准郡王衔多罗贝勒杨散巴勒呈称，近奉盟长王来函，因本爵与札萨克达尔汗亲王荒地耩葛，招本爵来京，彼时因病至误，未克前来，伏思本旗札萨克王前拟将河南七分之地暨河北荒地一并丈放，呈请奉天都督，转呈批示，只遵等因。本爵闻之筹思，至再查七分所属河南之地，熟地居多，台壮等以为养生之产，倘被达尔汗亲王出放，深恐原居台壮弗能承领，将至流离失所。当经派员与蒙古实业公司订立开垦合同，除先给原居本七分所属台壮养瞻户地外，并先仅愿留垦种蒙人呈领，以期保全伊等生计，其余荒地始与公司合力招垦，提倡蒙古实业等，因由蒙古实业公司呈报国务院转呈。大总统鉴核，奉批照准，函知内务、农商两部，并饬蒙藏局暨奉天民政长转饬本旗札萨克，并地方一体，遵照各在案。本爵正与该公司核办间，而达尔汗王历次呈由奉天民政长转呈，请以伊等处理放荒，本爵伏思此项荒地若归达尔罕王一并丈放，在原居七分所属台壮大受影响，于本爵有损无益。本爵原欲自行丈放与蒙人垦种，并非由公司丈放，而不由札萨克暨省委丈放也。奉省误此意，且本旗协理台吉都楞从中蛊惑，而札萨克被其所愚，以至枝节横生。故本爵决意自行垦种，庶蒙众生计暨本爵利益均可保全，用敢缕断陈明，兹派白泉、额勒登、额诺木图等为代表前往听候指示伏乞。

鉴核转呈该管各处核夺施行为此呈报。

中华民国三年六月四日即甲寅年五月十一日,为呈奉事。本王查勘,本分地界由卓王所放巴林荒迤东,沿河南岸至温都尔亲王地界,有百余里宽,南至沙漠十数里,其间住户甚多,焉有可放之地,旋经达尔汗王所拟辽河北岸之地,东边霍落嘎庙迤东相连本属旗分之地,有彦当图查嘎勒基博勒潮、包落胡特都克、海路其台、图纳胡特都克、塔玛克沁洮包等数处,由此迤东亦归温都尔王五分所属,此项地段由本七家族中,向有总管台吉二名、副管台吉七名、恭领一人、佐领七名,所有官缺,均按旧制由七家中选派经理税务官,窃查西自卓哩克王牧地起,东至五分地界长一百五十余里,宽自博多罗嘎台吉旗界迤西,至辽河北岸九分之地一百三十余里。敝爵为蒙众生计起见,所请辽河南岸之地段,经本七家属地十分之三,该项地段均在河北是以拟留保全蒙众生计。不意本旗协理台吉都楞从中蛊惑,札萨克被其愚弄以致枝节横生。本爵原意并非由公司丈放,而不由札萨克丈放也。为此声明,呈请贵盟长鉴核,准将辽河以南地段,仍按照原请奉本两府办理为此呈报等语。

又本月二十二日据多罗贝勒济克登诺尔布林沁扎木苏呈称,查本旗札萨克达尔汗亲王前拟将河南七分子之地,并河北九分子荒段一并丈放等因,呈请奉天都督转呈批示遵行等因。本爵反复寻思,查七分子界内孔家窝堡之地皆系熟田,于蒙众等生计攸关。设若被达尔汗王出卖,则台壮万难承领,深恐流离失所。当派员与蒙古实业公司订立开垦合同,先给蒙众养赡户地外,并尽原垦蒙人承领,以期保全生计外,其余荒地无多,始与公司合力招集蒙民垦种,用以提倡实业等因。据情呈请国务院当蒙批准,函知内务、农商两部,并饬知蒙藏局暨奉天民政长查照。本爵正与该公司筹办间,而达尔汗王屡次呈由奉天行政公署转呈,请以伊等处理放荒。本爵伏思卓王放荒时,蒙众出以定价亦未能领得荒地,以至哀鸣遍野,敢怒而不敢言。设仍归达尔汗王合并丈放,恐蒙众大受影响,与本爵有损无益。本爵意欲垦种并不丈放,断非由公司丈放,而不由札萨克丈放,奉省误会此意。况本旗协理台吉都楞暨呼图克图色旺诺尔布兄弟二人从中愚弄,而札萨克被其所惑,以至枝节横生。本爵实不愿由奉省丈放,且目睹温都尔王所放站荒及采哈新甸之荒,荒价至今尚在无着,小租亦未得领。卓王所放之荒迄今尚在轇葛,此皆由奉省丈放之故也。本爵实不欲甘蹈覆辙,故决意自行垦种,庶蒙众生计及鄙爵利益均可保全,用敢缕晰陈明,除分呈外,相应呈请盟长鉴核施行,为此谨呈等因,查各爵所陈各该缘由,自应据情转呈。

贵院以备查核,除将原呈照录呈报外,本盟长遵奉大总统前令,拟于

六月二十五日由京地起程,赴奉会同张巡按使筹议清理达尔汗王荒务鏴
葛一案,所有缘由预先呈报伏乞。

贵院转呈

大总统鉴核施行,为此咨呈。

中华民国三年六月二十三日

五　出放河南河北荒

河南河北是达尔王旗蒙古贵族闲散固山贝子的领地。位于西辽河南岸的指南段,西起聂力吐、包力营子、孔家窝堡起,东至归力屯、大罕、小细河;位于西辽河北岸的指北段,西起乃木格勒、那拉噶庙、玛力营子,东至套勒干吐、胡力海庙。两段合计面积八百多平方公里。从1913年丈放到1920年。

河南河北荒,是达尔罕王旗各王公贝勒争夺最激烈的一次。

中华民国二年(1913)四月二十四日,科尔沁左翼中旗闲散固山贝子(清末为辅国公)达赉。他是第五代达尔罕亲王色布腾巴尔珠尔的后裔。因为久驻京师消费过大,债务累累无法清偿,因此通过蒙藏事务局呈请袁世凯大总统,愿将自己所领的一处荒段牧场出放,所得荒价拿去清偿债务,希望获得批准。他在申请中虽然说明了出放荒地的理由,但是强调说,因为所属台吉、壮丁、锡伯人口众多,急需救济在有限的牧场上人口不断增殖,难免给生产生活带来困难,因此他愿把自己领地内的牧荒出放两段。其中,第一段(南段),西从聂力吐、包力营子屯、孔家窝堡起,东至归力屯、大罕、小细河止,东西长有一百多里,南至沙坨,北至辽河,宽窄不一,大约有十五里;第二段(北段),西起乃木格勒、那拉噶庙、玛力营子,东至套勒干吐、胡力海庙止,东西长约五十里,南至辽河,北至沙坨,宽约有十五里。将此荒段按照从未出放蒙荒的章程按弓核丈放,不论蒙汉旗民都要遵照定章,备价承领,发给执照。同时也说明了这个荒段土质肥沃、几无沙碱,因此将地分成了两个等则。在地价银方面,上等地每垧价银六两,中等地每垧价银五两。在出放时,先把自己属下的台吉、壮丁四十多户以及其他壮丁人等,按规定的数量拨给留界地,以资养赡。此外,对于已经开成的熟地仍旧由原垦户按照规定的章程进行承领。同时,对已经开成的熟地,限于当年清丈升科交租。并将这次出放新收的荒价作为十成,以五成归国家,五成归自家收入拨用。

根据闲散固山贝子达赉的呈请,政府在批准开放的同时也考虑到这次放荒是

达赉贝子为了偿还累债,因此按照卓哩克图亲王放荒之例特予减免,批示以二成报效国家。

当达赉贝子将要出放辽河南的荒段时,被旗内闲散多罗贝勒济克登诺尔布林沁札木苏所察觉。原来,辽河南的荒段中绝大部分为济克登贝勒之领地,而达赉贝子当作自己的领地出放,因此济贝勒向奉天都督起诉,申明在辽河南岸的西起摄力吐、包立营子、孔家窝堡,东到归力屯、达罕、小细河、潘家店、东西长约百里,南至沙坨、北至辽河宽窄不一,约为十五里多地。这里原是本贝勒的领地,此间已经是村屯相连,居住在这里从事农耕者全是本贝勒属下的台吉、壮丁以及随公主下嫁时的陵丁等几千户,这与辽河北专以游牧为业的民户大不相同,相互的府第也分为河南、河北两处。"前者,卓哩克图亲王的蒙员,曾经多次侵入我领地,将要开垦耕种的时候,达赉贝子也声称要开放我的领地,话说得太武断,真是不顾事实。"

奉天都督为了这件事曾向科尔沁左翼中旗札萨克进行了咨询,此事是否属实?达尔罕亲王则说:此荒段不论属于哪家王公,不经本札萨克议明,决不准任意垦放。如果达赉贝子真的放荒,决不允许!由于济贝勒的上告和旗札萨克的反对态度,达赉贝子就把辽河南的荒段搁置起来,只请示出放第二段荒——就是河北荒。当时奉天都督认为:假如直接批准必然招惹是非,还是要进一步与科尔沁左翼中旗札萨克进行商榷。这样一来,丈放的时间一直拖延至三年后的春天才得到旗札萨克的允诺。然而,达赉贝子出放此段荒地的打算主要是委托蒙古实业公司来开垦,因此对奉天都督来说将无利可图,于是表示"必须得到大总统的批令方可出放",以达到无限期拖延。不久,张作霖升任奉天督军一职,而在此间达赉贝子与济贝勒和解,并达成混放协议。遂于民国五年,在预定的荒段内,二人混合出放,共计出放荒地三千六百方。在地价方面,一等地每垧地价银十二两,二等地每垧地价银九两,三等地每垧地价银六两。同时征收一五经费银。

关于丈放河南河北荒,于民国五年(1916)四月三十日,哲里木盟副盟长科尔沁左翼中旗札萨克和硕达尔罕亲王那木济勒色楞、协理盟长温都尔亲王那兰格呼勒、科尔沁和硕卓哩克图亲王翊卫使色旺端鲁布,科尔沁郡王衔多罗贝勒杨善巴拉(阳桑巴拉),科尔沁多罗贝勒济克登诺尔布林沁札木苏,科尔沁贝子正红旗蒙古副都统翊卫副使达赉,科尔沁贝子衔镇国公尼玛,科尔沁贝子衔辅国公镶白旗蒙古副都统翊卫副使阳仓札布等联衔咨呈,要求设立蒙荒局并刊发钤记,同时申请将一五经费拨给四成,以资办公。

最终在中华民国九年(1920)四月,河南河北荒出放结束,两段共出放荒地面积"八百一十五平方公里"。河南河北荒地出放后,划归于通辽县管辖。至此,科左中旗占地总面积从"二万零一百三十九平方公里"缩小至"一万九千三百二十四平方公里"。

科左中旗各王向督理奉天军务兼代理巡按使张作霖的联衔咨呈影印件：

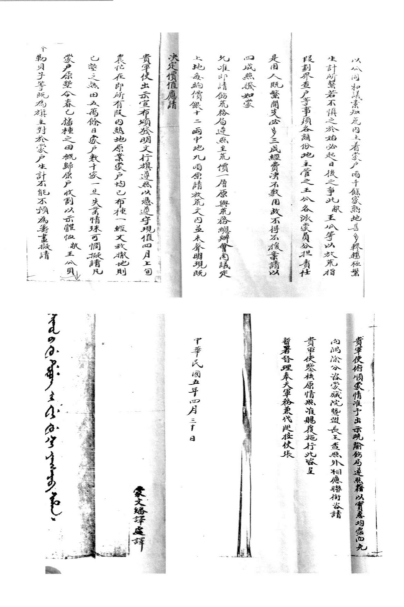

科左中旗各王向督理奉天军务兼代理巡按使张作霖的联衔咨呈原文：

哲里木副盟长科尔沁札萨克和硕达尔汗亲王那木济勒色楞，科尔沁和硕卓哩克图亲王，翊卫使色旺端鲁布，科尔沁郡王衔多罗贝勒杨善巴拉，科尔沁多罗贝勒济克登诺尔布林沁札木苏，科尔沁贝子正红旗蒙古副都统翊卫副使达赉科尔沁贝子衔镇国公呢玛、科尔沁贝子衔辅国公镶白旗蒙古副都统翊卫副使阳仓加卜（阳仓札布）等为□衔咨呈事。

案查前奉,贵巡按使署两次照会内开,将本札萨克呈请各项办法,俱奉批准,裨益蒙民,良非浅鲜,惟查设督办案内奉批云:该王贝勒贝子公等会议,自行设局刊发钤记暨总办三员之多,均无成例等因。查蒙旗札萨克等,向有开放本旗荒地之权,及招佃开垦之例,王公、贝勒、贝子等,是以公同议定联名呈请,此次放荒设立蒙局并刊发钤记。原期遇有汉蒙纠葛,即由官蒙两总办会商解释。而往返公文如无钤记,将何以昭信守而重公务。因此所刊木质钤记各王贝勒贝子公等,议定设局派员,仅于荒务范围以内之事,对于官局应行商办之行钤用,纯系对内性质,至其他一切对外公务并不钤用。至贵巡按使署文开,敝王贝勒贝子公等,议定所派之督办镇国公色拉塔旺珠尔改为总办,管理蒙局一切事务。又协理呼尔齐默尔根、布胡鄂鲁什虎二员改为帮办。遇事会同贵军使所派局长、副局长和衷办理,当即分别照会该公暨饬该协理等遵照在案。查前次敝王公贝勒贝子公同咨请蒙藏院、盟长暨贵军使放荒案内声明,设立蒙局刊发钤记,系援照放荒成案。至请分劈一五一半经费,系因荒事繁重,王公众多用人开支较巨,故有一半之请。兹蒙允拨三成,实不敷用,拟请援照卓王放荒成案,划分经费四成以资办公。第以放荒一事,关系全旗各王公、贝勒、贝子等,以份地所在、各有主权,并非个人一方面所能主持。是以公同和议,素知荒内土著蒙户两千余家,熟地甚多,纠葛极繁,生计所系,若不慎之于始,必起日后之争。此敝王公等以放荒指段划界、查户等事须各该份地主管之王公,各派蒙员分担责任,是用人既繁,开支必多,三成经费决不敷用,故不得不援案请以四成照拨。如蒙允准,即请饬荒务局遵照。至荒价一层原与荒务总办会商议定,上地每垧价银十二两,中地九两。原请放荒文内并未声明,现既决定价值,应请贵军使出示宣布,颁发明文行旗遵照,以凭遵守。现值四月上旬,农忙在即,所有段内熟地原业蒙户均已布种,一经丈放撤地,则已垦之熟田五万余日(垧)蒙户数千家一旦失业,情殊可悯。拟请凡蒙户原垦,今春已播种之田,概归原户收割,以示体恤。敝王公、贝勒、贝子等既为旗主,对于蒙户生计,不能不预为筹划。拟请贵军使俯顺蒙情,准予出示晓谕饬局遵照,藉以实惠均沾,而免向隅。除分咨蒙藏院暨盟长王查照外,相应联衔咨请贵军使鉴核。原请照准,赐覆施行。

此咨呈

暂署督理奉天军务兼代巡按使张(张作霖)

中华民国五年四月三十日

蒙文翻译处译

关于辽河西岸开放荒地地价分配之事,各王公、台吉、壮丁按成数分劈意见不一,由此科左中旗王公联衔向奉天省长张作霖咨呈。

科左中旗各王衔向奉天省长张作霖联衔咨呈事影印件:

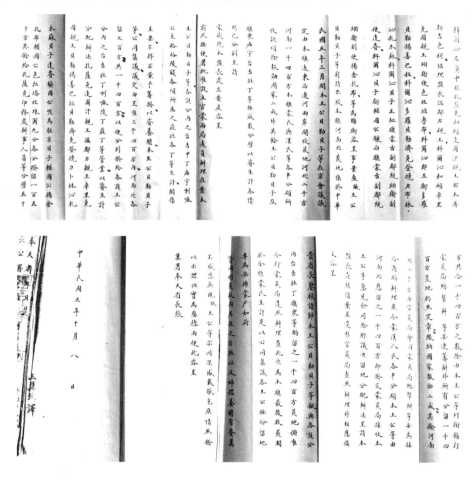

科左中旗各王衔向奉天省长张作霖联衔咨呈事原文:

科尔沁左翼中旗札萨克和硕达尔汗亲王那木济勒色楞、协理盟长温都尔亲王、科尔沁和硕卓哩克图亲王翊卫使色旺端鲁布、科尔沁郡王衔多罗贝勒杨善巴拉、科尔沁多罗贝勒济克登诺尔布林沁札木苏、科尔沁贝子正红旗蒙古副都统翊卫副使达赉、科尔沁贝子衔辅国公镶白旗蒙古副都统翊卫副使阳仓札布等,为联衔咨呈事。

案查敝王公、贝勒、贝子等,前请出放本旗河南北荒地,系于中华民国五年三月间,本王公、贝勒、贝子等,在京会议议定,由本旗迄东沿辽河两岸开放荒地,河北两千方、河南一千四百方。本旗蒙民与汉民等各半分领,所收款项除报效国家二成外,其余王公、贝勒、贝子及旗众庙宇、台壮等,按成数分劈,以资生计。各情形已分别呈请蒙藏院本盟长处立案,并咨呈前巡按使署批准。设立官蒙两局,遴员办理在案。本主公、贝勒、贝子等,各该分内之台吉、甲丁、庙宇喇嘛、公主格格陵寝各项,所属台壮各丁等,生计关系至要,不得不量予筹拨,以资养赡。本王公、贝勒、贝子等公同集议,议定由呈准三千四百方内,河南北各备七百方,共一千四百方,以便分别拨给各该王公分内之台吉、壮丁、喇嘛、陵丁、庄丁等管业,以资生计。分配办法:札萨克达尔汗亲王、温都力亲王、卓哩克图亲王、贝勒杨善巴拉、贝勒济克登诺尔布林沁札木苏、贝子达赉、镇国公呢玛、驻京贝子辅国公扬仓札布、辅国公色拉塔旺珠尔等九份,各份拨留一百五十方,其余给札萨克印务处办事人员等分劈五十方,共合一千四百方之数。除由本王公等列衔饬行蒙荒局总办帮办等,妥速筹办外,所有分留一千四百方之荒地,仍照定章,缴纳国家报效二成,其余河南北两千方,由官荒局会同蒙荒局总办帮办等妥为接洽,商酌办理。并令蒙汉人民各半分领,本王公等,由河南北应留之一千四百方,即拨交蒙荒局接收。本王公等意见佥同,除将议决留地分配办法,呈请本盟长查核备案,并迳移官荒局查照办理外,相应备文咨呈贵省长鉴核,请归本王公、贝勒、贝子等,拟与各该分内台吉壮丁旗众等酌留之一千四百方荒地,俯准令行蒙荒局遵照办理。查此次为本旗最后放荒,关于全旗蒙民生计,是以公同集议,各王公按份留地,专为安插蒙户,如荷赞同则荒段内居住之台壮以及妇孺、养赡有资,莫不感恩无既。敝王公等亦同深感戴。敬乞原情照拨,以示体恤,实为恩德两便。此咨呈。

兼署奉天省长张

中华民国五年十月八日

到了中华民国五年(1916)十一月十六日,丈放河南荒进行顺利,达尔罕旗河南蒙荒局总办辅国公色拉哈旺珠尔、帮办协理呼尔察莫尔根、协理布胡鄂鲁什虎将河南荒段丈竣先行呈报给奉天省长张作霖。

达尔罕旗河南蒙荒局色拉哈旺珠尔、呼尔察莫尔根、布胡鄂鲁什虎给奉天省政府张作霖呈文影印件:

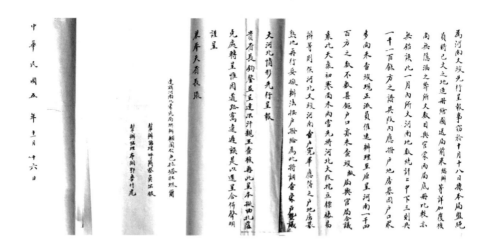

达尔罕旗河南蒙荒局色拉哈旺珠尔、呼尔察莫尔根、布胡鄂鲁什虎给奉天省政府张作霖呈文原文：

为河南丈竣先行呈报事，窃于十月十八日。据本局监绳员，将已丈之地，造册绘图送局前来，总办等详加复核，尚无隐漏之弊，所丈数目与官蒙两局底册比较，亦无错误。此一月内所丈河南地数，统计上、中、下三则，共一千一百余方之谱，其段内应拨户①地房基，因户口众多，尚未查竣，现正派员催速办理。至原呈河南一千四百方之数，不敷甚巨，户口亦未查竣。敝局与官局合议，乘此天气初寒，尚未雨雪，先将河北大段挖立标桩，易辨等则，俟河北丈竣，河南查户完毕，应得之户地、房基、熟地，再行妥拟办法，按户拨给。为此将调查蒙户暨议丈河北情形，先行呈报贵省长钧鉴，并呈达尔汗亲王查核。再此呈，本拟由札萨克处转呈，惟因道路窝远迟误，是以迳呈，合并声明。

谨呈兼奉天省长张

达旗河南蒙荒局总办辅国公色拉塔旺珠尔

帮办协理布胡鄂鲁什虎

帮办协理呼尔察莫尔根

中华民国五年十一月十六日

---

① "拨户人""八户人"，是"法库人"的蒙古语口语表达，他们原住地是法库康平，为此地陵丁或佃户。参见温丽和、郭耀武：《法库史略》，中国华侨出版社，1996年，第131页。

关于出放河南河北荒前,哲里木盟副盟长科尔沁左翼中旗和硕达尔罕亲王那木济勒色楞曾在民国五年三月间,与旗内各王公、贝勒、贝子等在京共同议定放荒,并联名向前巡按使咨呈,在咨文中说明了这次放荒关系到全旗王公、贝勒、贝子和台吉、壮丁的牧养与生计问题,为此事他们专门向奉天省公署省长张作霖报送了呈文。

哲里木盟副盟长科尔沁左翼中旗和硕达尔罕亲王那木济勒色楞等人向奉天省公署省长张作霖报送呈文的影印件:

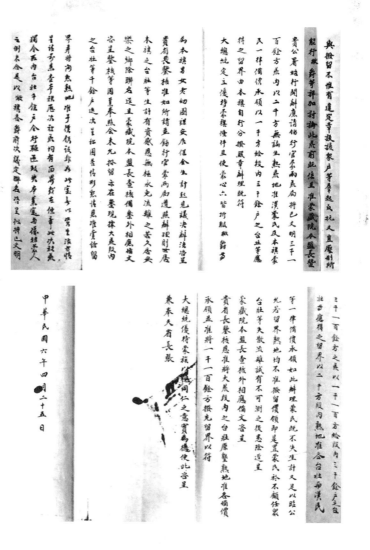

哲里木盟副盟长科尔沁左翼中旗和硕达尔罕亲王那木济勒色楞等人向奉天省公署省长张作霖报送呈文的原文：

哲里木盟副盟长科尔沁左翼中旗和硕尔达尔罕亲王郡为咨呈事案查前洪宪元年三月间，本旗各王公、贝勒、贝子等，在京公同议定放荒，联名咨呈前巡按使，开放原文内称，查此次放荒，关系阁旗王公、贝勒、贝子及台壮牧养生计。是以敝王公、贝勒、贝子等在京公共会商，妥为议定，仍指出本旗东界循辽河南北两岸，不拘何处择宽阔地方丈放三千四百方。所放荒价除报效国家二成外，余归王公、贝勒、贝子等均匀分劈。其中有经台壮垦熟者,仍准原业备价承领,以资垦殖。荒界内原居台吉每户拨地两方,壮丁每户拨地一方,作为永远生计之地。敝王公等会商议定放荒情形,代为奏请皇帝批示遵照,并请出示晓谕,俾家周知。仍请饬知荒务局长等,准蒙汉各户分领,以资公益。所有各王公在京议定放荒情形,事关重要,除呈蒙藏院暨本盟长外,理合会衔咨呈贵巡按使鉴核,奏咨办理。并乞赐履遵行等因分别呈咨在案。

再查民国六年二月二十八日,敝王公、贝勒、贝子等复联名咨呈称,查办理本旗河南北官蒙两荒局总帮办正副局长等,呈报河南北荒地普丈完竣,连户地,共丈得三千一百余方之语,已丈至王府迤南距札萨克署王府仅三十余里,尚不是原定额数又现迭奉。

贵省长照会,令将大荒段内应拨之户地,由新开河迤北拨补各等因,敝爵等以此段大荒系各爵公产,敛各属之台壮杂居亟应磋商办法,经敝札萨克邀集各爵等公同集议再四研究,以前拟此项荒段,由河南北开放三千四百方,仍援照历次放荒成案办理,原居之台吉每户留界两方,壮丁每户留界一方,曾经联名呈请蒙藏院本盟长暨咨呈。

贵公署转呈批准,饬行官蒙两荒局布告周知在案。现在段内蒙民三千余户,照章应得之留界,令敝王公等展段拨补,实无展卖余地,碍难办理。若执行扎萨克之职权,将段内蒙民全行驱逐,一则侵夺蒙民原有之产业,使其生计断绝,与国法定章均属相背,再则本旗历次放荒,又无不予留界之理,旗分汉蒙,自应一视同仁,均为国民,当绝畛域成见。且本旗老幼男女十余万人生计,一旦断绝,后患讵堪。设想所有令蒙民迁移设法给筹,生计与拨补留界均难照办。本旗之荒地多寡,敝爵等向未介意。现在详细查明,知未放荒地甚属寥寥,已垦熟地内,原居之台壮,向系固有之产业,若不给予拨留,不惟有违定章,设该众户等群起反抗,又岂压制所能行。敝爵等详加讨论,此荒前既系呈准蒙藏院本盟长暨贵公署,始行开办。应请饬行官蒙两荒局,将已丈明三千一百余方荒内,以二千方无论生熟荒地,准汉民及本旗蒙民一律备价承领,以一千方给段内三千余户之台壮等应得之留界,由本旗自行分拨,照章办理。既符大总统定立优待蒙旗条件,且使蒙心亦皆折服。敝爵等为本旗男女老幼图谋安居,保全生计起见,议决办法,咨呈贵省长鉴核,准如所请,并饬行官蒙两荒局,遵照办理。

则世居本旗之台壮等,生计有资,感恩无极,永免流离之苦,久居安乐之乡。除联名迳呈蒙藏院、本盟长查核备案外,相应备文咨呈鉴核等因。业奉照会未允拨留,现据大荒段内之台吉壮等千余户,迭次呈称困苦情形,恳请恩准赏给留界,并将开垦熟地准予备价承领。如此实无以资生活等情,呈请前来。查本旗历次放荒,均有留界载在条章,此次放荒,特令段内台壮千余户,全行驱逐至失本业,实与优待蒙人之前例未合。此敝旗各爵前次议定联名咨呈,拟将已丈明三千一百余方之荒,以一千一百方拨给段内三千余户之台壮等,应得之留界,以二千方段内熟地准台壮与汉民等,一律备价承领。如此办理,蒙民暨不失生计,又足以昭公允,若留界熟地均不准拨留价领,既是置蒙民于不顾,任众台壮等失散流离,试有不可测之后患。除迳呈蒙藏院本盟长查核外相应备文咨呈。

贵省长鉴核恩准,将大荒段内之台壮原熟地准各备价承领,并准将一千一百余方拨充留界,以符大总统优待蒙古族,以视同仁之意,实为德便。

此咨呈

兼奉天省长张

中华民国六年四月二十五日

在出放河南河北荒的押价银的分劈上是以押价银六成归旗,并以河北台吉、壮丁应得分内再提三成,共计九成。在旗札萨克应得的成内,分给帮办盟务亲王一成五,公费三成,卓哩克图亲王一成五,当差台众二成五,已故贝子衔镇国公多尔济之过继子乌勒济毕里图五分,旗内各寺庙一成。关于这个问题,已由蒙藏院和前任巡按使批示在案,现在荒务业已办竣,押价就要解交。如果要变更前议,取消王公等应得的分成,实在是难以遵照办理。因此,达尔罕旗札萨克将出放河南河北荒的押价银分劈上出现的情形咨呈至蒙藏院,并咨呈奉天省长张作霖请求恩准,照案发给。蒙藏院总裁贡桑诺尔布于中华民国七年二月七日将旗札萨克咨文抄录给奉天省长,咨请奉天省省长"查照办理可也"。

中华民国七年二月七日,蒙藏院总裁贡桑诺尔布给奉天省长呈文影印件:

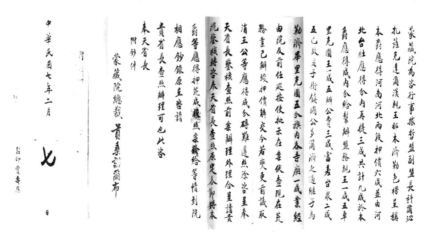

蒙藏院总裁贡桑诺尔布咨请原文：

蒙藏院为咨行事

据哲盟副盟长科尔沁札萨克达尔汗亲王那木济勒色楞呈称，本爵应得河南河北两段押价六成，并由河北台壮应得分内再提三成，共计九成。于本爵应得成内，分给帮办盟务亲王一成五，卓哩克图王一成五，办公费三成，当差台众二成五，已故贝子衔镇国公多尔济之过继子乌勒济毕里克图五分，旗内各寺庙一成，业经由院及前任巡按使批示在案。伏查，现在荒务业已办竣，押价解交。今若变更前议，取消王公等应得成份，碍难遵照。除咨呈奉天省长鉴核查照前案办理外，理合呈请贵院鉴核，转咨奉天省长，查照原定各节，将本爵等应得押荒成□照案发给等情，到院相应抄录原呈咨请贵省长，查照办理。可也。

此咨奉天省长

附抄件

蒙藏院总裁贡桑诺尔布

中华民国七年二月七日

关于台吉、壮丁的留界地一直没有得到妥善解决，时进二月，将入春耕，如果留界地得不到解决将会影响人民的生产和生活。在此紧要关头，蒙荒局总办色拉哈旺珠尔以亲家关系，给奉天省长张作霖写了一封信。

蒙荒局总办色拉哈旺珠尔给奉天省长张作霖信函影印件：

雨翁親家軍帥大人麾綏

起居獲福

履祉咸宜爲頌 弟藩封世爵賦性庸愚值本旗放荒荷蒙

札薩克及各王公推薦弟用荒務蒙局總辦自愧材輕深虞弗

勝統蒙

推愛惟有遇事稟承

鈞示以期無負厥職對因河南北荒地經蒙局派員會同官荒局非

丈後地雖不足原額富因界外無地可丈所致台壯戶地原定章程自

吉戶撥給地兩方壯丁一戶撥給地一方係在放荒段內指撥留作蒙人生

計前奉

鈞示令本旗由新開河北另段安插達王以事關全旗派員持文赴京面

請各王公會議解決並飭蒙局聲明官荒局戶地未解決之先暫緩撥地

等語轉瞬春耕在邇曷可久延弟 奉札薩克達王派委凡有所啚安

故不違查照蒙荒局於段內給台壯各戶留界此次擬於段外撥給安

土重遷不無可惆設戶地久不解決一經撥放必釀風潮弟 思以和平之

法台壯戶地就段內安插縮小給撥以資生計是否有當敬乞

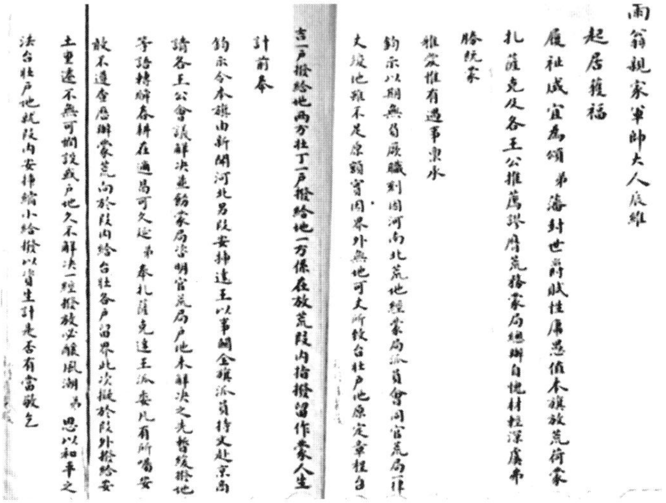

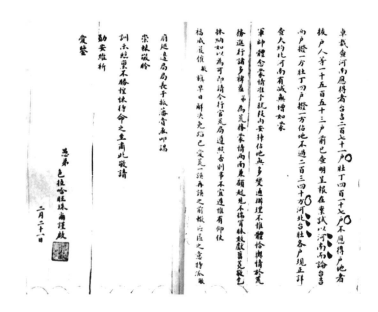

蒙荒局总办色拉哈旺珠尔给奉天省长张作霖的信函原文：

　　雨翁亲家军帅大人：辰维起获福，履祉咸宜为颂。弟藩封世爵，赋性庸愚，值本旗放荒，荷蒙扎萨克及各王公推荐，谬膺荒务蒙局总办，自愧材轻，深虞弗胜。既蒙雅爱，惟有遇事秉承钧示，以期无负厥职。刻因河南北荒地，经蒙局派员，会同官荒局，一律丈竣。地虽不足原额，实因界外无地可丈所致。台壮户地原定章程，台吉一户拨给地两方，壮丁一户拨给地一方。系在放荒段内指拨，留作蒙人生计。前奉钧示，令本旗内由新开河北另段安插。达王以事关全旗，派员持文赴京，商请各王公会议解决，并饬蒙局咨明官荒局，户地未解决之先，暂缓拨地等语。转瞬春耕在迩，曷可久延。弟奉扎萨克达王派委，凡有所嘱，安敢不遵。查历办蒙荒，向于段内给台壮各户留界，此次拟于段外拨给，安土重迁，不无可悯！设或户地久不解决，一经拨放，必酿风潮。弟思以和平之法，台壮户地就段内安插，缩小给拨，以资生计，是否有当，敬乞卓裁。查河南应得者台吉二百七十一户，壮丁四百一十七户，不应得户地者，拨户人等一千五百五十三户。前已查明，呈报在案。试以河南而论，台吉两户拨一方，壮丁四户拨一方，占地不过二百三四十方。河北台壮各户，现正详查，大约比河南有减无增。如蒙军帅体念蒙情，准予就段内安插，占地无多，变通办理，不惟体恰舆情，于荒务进行，诸多裨益。弟为荒务，蒙情两面兼顾起见，不揣冒昧，致献□□，敬乞采纳。如以为可，即请令行官荒局遵照，否则，事不宜迟，惟有仰丈福威,严催散旗,早日解决,免蹈巴爱荒一误再误之前辙。区区之意,特派敝府巡边局局长于振藩赍函,叩谒崇辕,敬聆训示,临禀不胜惶悚待命之至。肃此,敬请勋安,维祈爱鉴。

愚弟色拉哈旺珠尔谨启
中华民国七年二月二十一

哲里木盟副盟长科尔沁札萨克和硕达尔罕亲王那木济勒色楞及旗务协理四等台吉呼尔察莫日根等,为旗民台壮拨余地亩以资生活,向东三省巡阅使、奉天督军兼省长张作霖提请咨呈,在咨呈中叙述了在民国九年二月经旗札萨克向通辽县设治委员富明哲行过咨文,它的主要内容是为了清结荒务以安蒙众之心。

原来在1919年(民国八年)十月间,本旗河南河北荒段内的二十二村屯拔户陵北人民代表李俊、马永等四人,到奉天省城达尔罕王府恳请赏给他们生计地,不计多少均可,以之维持生活。达尔罕王念及这些拔户陵北人民都是旗内王公、贝勒、贝子所属的奴才(人口已达两千人之多),应该让他们有地耕种,所以打算把分给台壮的多余地亩酌量拔出六十方,分给这二十二村屯的拔户人民,使他们得以安生。时任饬知省委办荒专员梅伦喇希巴拉丹遵照办理。随后根据该梅伦的回复呈文报告情况,说明在去年十二月初一日经梅伦会同通辽的明监督、魏营长、商务会李总办、旗札萨克派印务扎兰珊乌勒吉,在通辽地局招集应当得生计地的所有台壮,把四百七十方地掣签分给他们。后来又有河南河北多数村屯五百多户台壮前来,声称他们在以前荒段内各户时名字被掩盖了,所以前来恳请拨给地亩,以资维持生活。后经查对,并没有掩盖户名之事,在每个名下都有详明注写,他们或是捏造座落进行蒙混,或是在前次出荒时已经得有生计地亩,或是从拔户地面吃租,所以这次并没有得到生计地。情理本来明显,经过好言开导他们已撤回去。此外,在这个荒段里还有一百多方不堪耕种的土地,打算把这些地亩分给拔户人民和声称户名被掩盖的五百多户台壮。究竟如何分给,还是请上级作出裁决,以便遵照办理。如果说确实有假指外旗人的房屋或窝堡而说成是他自己的座落,或者有的在以前出荒段已经得有生计地,或者从拔户中吃租等情形,自然应当逐一查清,水落石出,方可符合办公手续。

此次调查涉及人数太多,如果打算彻底清理必然要花费些时日,为了体恤民众,哲里木盟就从一些不堪耕种的地段内拨出六十方地,酌量分给二十二村屯的拔户人民,其余五十多方地亩也酌量分给那些声称名字被掩盖的五百多户台壮,以免争竞,从而使荒务尽善尽美得以结束,这也是大家最盼望的。呈文到达后,殷切希望贵设治员查明,就同省委办荒专员梅伦喇希巴拉丹,把这项众户事详加议核,然后把六十方地分给二十二村屯的拔户陵北人民,把其余的五十多方地分给声称名字被掩盖的五百多户台壮,使他们各有生计地亩,如此则本旗荒务清楚,本旗众户则深为感佩。除了命令梅伦喇希巴拉丹知照外,相应咨行贵设治员查明,请与梅伦详核,把前项的地亩分给各户以维持生活之事,是否可行,确实希望从速核定,并且请给复函。除分别咨令外,相应咨呈贵省长查明,予以备案。这是在中华民国九年四月二十三日,给东三省巡阅使奉天督军兼省长张作霖的咨呈。河南河北荒务到此得以全部结束。

科左中旗境内的第五次大规模放荒"河南河北荒"中的南段为河南荒,是在西辽河南岸,西起聂力吐、包力营子、孔家窝堡,东至归力屯、大罕、小细河,总长一百多里、宽十五里;北段是在西辽河北岸,西起乃木格勒、那拉噶庙、玛力营子,东至套勒干吐、胡力海庙,总长五十里、宽十五里。两段合计放荒面积八百多平方公里。

六　出放东夹荒

东夹荒是温都尔亲王的领地。位于采哈新甸荒和洮辽站荒之间,东界双山镇,西界郑家屯(今吉林省双辽市),南至农依阁,北至史家沟。1927 年十一月,设立"丈放东夹荒事务局"开始丈放。丈放荒地共四千五百八十三方。

东夹荒的出荒,给旗内蒙民造成的损害是最为严重,大量蒙民失去原有牧地,移居到尚未放荒之地,以求生计。

1911 年(宣统三年)五月初六,御前行走协办哲里木盟盟务多罗郡王那兰格呼勒,为了将采哈新甸和洮辽站荒两地界中间的余地分给贫民垦种、从中收租,以维持警兵开支及其他花费,向东三省总督赵尔巽呈请:"窃查推行新政需款浩繁,近年公务繁重,开放采哈新甸及洮辽站荒两界之间的余地,分给无力贫民垦种纳租,并非卖给等情,业于今春减租招户所收租项,巡警兵需,及本处台壮等,津贴当差,两有裨益,唯恐众农户等,不晓本王为民安生之计,以为多方变更,难保不与蒙众争竞,为此预先出具情形,呈请存案备查"。除了呈报辽源州衙门及本旗札萨克以外,理合备文呈报贵总督府,赐鉴照施行,实为公便,顺至呈者,又呈东三省总督赵尔巽。

根据多罗郡王那兰格呼勒的呈请丈放东夹荒之事,东三省屯垦总局王局长、叶景葵和副局长熊希龄、陈廷绪等遵照东三省总督赵尔巽的指示,查明了多罗郡王招垦东夹荒的情形,并且绘制了图表,向钦差大臣东三省总督部堂赵尔巽呈报。以东夹荒地段来说,除给台吉、壮丁的留界地和已经垦熟地以外,大约有生荒地六百方,已经和该郡王商量好可以全部丈放。一切章程仍请按照原来站道荒的成案办理。

根据该郡王所说的现在已经招过汉民垦成熟地的六十九方,恳请按照土默特、喀剌沁的旧例,作为该王的自产拨留,免去归公另放。关于这些情形,该郡王本是闲散王公,在土地方面不过只准许他用作游牧,并没有管理荒段土地的权限。现在虽然已经得到该郡王的许可,但本旗王公并不知晓,按照历来与蒙旗交涉办事的惯例要求,必须同本旗札萨克联系协商办理。

因此,呈请宪台再次派人与该旗札萨克达尔罕亲王进行妥当磋商,就是将来办理出荒事宜,也应当由该旗印务处派人会同丈放,以免阻挠和产生争议。至于该郡王自己私招汉民进行垦种,这本来就是有违禁令的。其中所请要把六十九方熟地作为自产拨留,这与历次各旗丈放给王公自留生计地、每年收租以供府中养赡的情形不同,没有作为自产之说,所以难以照准。这样办理是否妥当,请宪台核夺指示。

关于丈放东夹荒的事,虽然早在清朝宣统年间经科左中旗多罗郡王(即温都尔王)那兰格呼勒呈请招民放垦,但时过不久辛亥革命爆发,中华民国成立,将出荒之事搁置起来,直至1927年(民国十六年)才开始设局丈放。

丈放东夹荒有关荒价的提成问题,达尔罕亲王曾向翟省长写过便函,其原文如下:

> 海泉仁兄本人钧鉴,敬启者,时值椒花既献,新发福更,恭维春祺吉羊,政德对茂,定符鄙烦。弟虚度光阴,依然如旧。前所请东夹荒荒价提成,随时结帐,按成拨解一节,乃旗务需款,实非得已,并非额外要求,不过迟早间耳。而该局所称与原章不符,未免过当。所以再行呈请,伏仰阁下分神,酌照所请施行,使旗务用款有着,实为公便。此,敬候政祺,诸维鉴照,不宣。

达尔罕亲王那　章

达尔罕王府　缄

中华民国十七年一月三日

在丈放东夹荒的过程中,温都尔亲王杨仓扎布为请求拨留自垦熟地一百方和拨给经费曾写信给奉天省长公署,其原文如下:

> 迳者,案查丈放东夹荒事务局成立,由省委总办孙兴武与蒙荒局会同查勘丈放,敝爵于十数年前,为保卫旗属安宁,所设巡防蒙队,需用饷糈,皆从此出。今全归荒段,遂致兵饷无着;且以地之先承领,关于去岁曾饬蒙荒局转知孙总办,拟将所属安垦局,自垦巴尔嘎斯台(即柳条沟),额默

格勒图(即二龙山)等屯周围之熟地,留一百方,其价款即从敝爵应劈荒价内提拨等情在案。闻达尔罕王由该荒界内留地三百方,早已照拨,而敝爵所请留者,竟叹邈寂,顷派员前往领段,当经孙总办言称,达王留界地系由省饬财政厅转局,贵王亦可照办等语,伏念孙总办所称亦颇合理。惟朔此项荒段,虽为达王扎萨克兼辖,实为敝爵之所属,达王所留尚允以荒价抵拨何况敝爵? 因种种关系,必迫令现价承领,未免向隅。且垦费俱已拨给,惟敝爵所应得者支吾耽延,殊所不解。转瞬春耕在即,倘稍事因循,贻误非细,为此恳求贵省署查鉴,迅饬对财政厅转饬孙总办,郑重公理,将所有柳条沟、二龙山等屯,周围自垦之熟地一百方,准由应劈价内抵拨,再所属安垦局熟地垦费亦令照章拨给,所有请求各节,更恳赐覆至荷,此致,奉天省长公署。

哲盟帮办盟务温都尔王杨仓扎布谨函
中华民国十七年二月二十一日

温都尔亲王杨仓扎布虽然得到了丈放允准,但是却要求用现款承领。因此,温都尔亲王当即指出:"达尔罕亲王从这个荒段中以福晋的名义留地三百四十方,早已照数拨给,并没交付现款,为什么本王所请求的留地就得行付现款? 而孙总办则以必须遵照省财政厅允准转批到局才能拨给地亩,以此借口推拖。"后来温都尔亲王杨仓扎布向奉天省长公署提出了陈述说明此荒虽为达尔罕亲王扎萨克兼管而实为温都尔王属地,达尔罕亲王所留地能够允准用荒价来抵拨,而我温都尔亲王为什么就不可以用荒价来抵拨? 最终获得了解决。所谓东夹荒,就是洮辽站荒和采哈新甸荒之间荒地,它的南部边界到北疙瘩甸,西边到太平川、丰库、金山、衙门台(今保康)、玻璃山、白市、十三崴子,东边到史家沟、小新立屯。原来是指段出荒、四至分明,但是在丈放东夹荒的过程中,以丈放为名超出了原来规定的荒界,而强行越界勘丈导致了该地蒙民破产,流离失所,困苦不堪。仅就温都尔王的公主陵寝来说,在出放站道荒时就规定了陵寝往东二十里,往北到站道荒头段作为护地,这是经过省政府批准拨留的,可是在这次丈放东夹荒时不仅越过了铁路西,而且一直丈量到距离公主陵寝只有二三里远处,后经温都尔王杨仓扎布具呈上告到镇威上将军事宜公署,最终由张作霖下达命令,令省长查明事实予以制止。

在丈放荒地过程中,荒务局总办孙兴武与蒙荒局稽查员关彩延私下相勾结,渎职枉法,不准原垦户承领自己已垦之熟地,而以此地段完全为达尔罕王福晋所留,不能另卖。这样就违反了原来在出荒布告中规定的,所有各屯垦成熟地准许由原垦户首先承领、以示省宪蒙王优待蒙民之意的规定,他们竟然违法加价暗中另卖,从中渔利,大发横财。因此,原来住在孤家子、四家子两屯的居民共有五十七户,人口五百多人,垦成熟地五千多垧历年由当地居民耕种,借以维持生活,世代相传已经有几百年的历史。在关金祥和包殿卿的呈文中写道这样:

> ……去岁省令出放东夹荒一带荒地,布告人民,晓谕市面,内云;所有各屯垦成熟地,准由原垦户首先承领,以示省宪,蒙王优待蒙民之意等语,民等闻信之下,不胜欣喜,是以东挪西贷,凑足地价,以备承领,及荒务局挂牌招领之际,民遂携款到局,首先承领,不料该总办声称,此地均为王府福晋所留不能另卖民等再三哀恳,该总办毫无允意,反令局兵将民等撵出局外,不准停留。民等无法,祗可持款痛哭而出。想省宪布告准原垦户承领,本属爱民,而该总办不准承领,是非害民而何,渎职枉法,莫此为甚,且此地既为主人福晋所私留,则蒙王爱民之意何在?省宪布告,非等于具文,由此以证,福晋何能有留地之意,不过该总办与蒙局稽查员关彩延等违法加价暗卖图渔利而已。现际春令耕地之时,买地之主,迫令民等搬家,伊等以备经营,此地民等两屯共五十七户,人口五百余名,一夜之间家产净绝,流离失所,实属悲痛。是以为此,不避艰苦,匍匐来,叩恳省宪大人,派员调查,妇还原垦户承领,以示体恤,实为清便。
>
> 谨呈奉天省省长大人钧鉴
>
> > 具呈人关金祥
> > 代书人何文璞
> > 连署人包殿卿
> > 中华民国十七年三月十五日

其后又有李文德、张明德、包宪文、吴金山、陈献等人,也屡次向奉天省长控告孙兴武总办舞弊违章、坑害蒙民,自垦的熟地不给承领的事实。最终在1928年(民国十七年)十月二十六日,经奉天省长下令委任张学书为东夹荒事务局总办,卸任丈放东夹荒事务总办孙兴武,调回省府另行委派。

徇私舞弊的孙兴武虽然被撤换了,但是对于越界丈放的侵入、原垦户不能承领的现实依然没有得到真正解决。原来预定出放荒地约计六百方,到中华民国十七年四月十四日为止,净放地已达到三千二百三十五方,净拨户地一千三百四十八方,共计四千五百八十三方,已远远超过了原来规定的出放地数。

在荒价分劈上,按章程规定,上缴给国家五成,以五成归旗,把旗所得的五成再作十成,达尔罕王应得六成,土地所属者温都尔王分得四成,然后把达尔罕王所得的荒价再按王公的爵位和札萨克公署等照章程的规定给予分劈。

　　东夹荒的土地,分为上、中、下、碱四则出放收价的,以现大洋为本位。上则熟地每方一千九百元,上则生荒地每方一千五百元;中则熟地每方一千五百元,生荒地每方一千二百元;下则熟地每方一千一百元,生荒地每方一千元;碱则熟地每方七百元,生荒地每方五百元。按全荒段生熟地共计应当收地价款现大洋三百三十万元。可是一直到中华民国十七年四月十四日止,只收有现大洋一百零三万三千四百二十八元三角四分,从荒价的收入上可以看出当时只放出荒地的三分之一而已。

　　丈放东夹荒事务局根据当时奉票的贬值情况,拟以现大洋为单位的地价按七折出放。在得到奉天省长公署指令照准后,以布告形式公布于众,布告原文如下:

　　　奉天丈放东夹荒事务局布告:

　　　为布告事,照得本局丈放东夹荒荒地乡镇基址,原定各等价目,统以现大洋为标准,再按第月法价核收奉票(奉天省出的纸币)历办在案。嗣以奉票日见毛荒。每现大洋一元,核收奉票二十余元。各等荒地,基地价费,因之逐渐增高,所需款资未免过巨。本汉蒙两局有鉴及此,为体恤一般领户起见,拟定变通办法:每现大洋一元折为七角,核收奉票。业经呈奉奉天省长公署指令照准在案,兹定于本年阴历十月一日起实行减价,凡报领铁道迤东荒地基址,以及换发省照,半价地亩各等价费,概予变通,按原定各价格,每现大洋一元折为七角,每月法价,核收奉票减输纳用广招徕。惟领道迤两荒地基址,土质较优,业已全数售出,仍按原定价格办理,勿庸折减。除将隶属铁道迤东荒地乡镇基址,经此次请准折减价格办法逐一附列布告并报告外,合丞明白告示,仰远近中国商民人等一体周知,希各遵照折减价格迅速来局报领。勿稍观望,自误良好机会,切切此布。计附列各等荒地基址价格,每现大洋一元减为七角,核收奉票办法如下:

　　　一、上则生荒每方,原定现大洋一千五百元,兹按七折减为一千零五十元。

　　　一、上则熟地每方,原定现大洋一千九百元,兹按七折减为二千三百三十元。

　　　一、中则生荒每方,原定现大洋一千二百元,兹按七折减为八百四十九元。

　　　一、中则熟地每方,原定现大洋一千五百元,兹按七折减为一千零五十元。

　　　一、下则生荒每方,原定现大洋一千元,兹按七折减为七百元。

一、下则熟地每方,原定现大洋一千一百元,兹按七折减为七百七十元。

一、沙碱生荒每方,原定现大洋五百元,兹按七折减为三百五十元。

一、沙碱熟地每方,原定现大洋七百元。兹按七折减为四百九十元。

一、乡基地每方原定现大洋八十元,兹按七折减为五十元。

一、上则镇基每丈方,原定现大洋三角,兹按七折减为二角一分。

一、中则镇基每丈方,原定现大洋二角,兹按七折减为一角四分。

一、下则镇基每丈方,原定现大洋一角,兹按七折减为七分。

中华民国十七年二月

丈放东夹荒事务局

丈放东夹荒事务局总办孙兴武以权谋私,借丈放荒地之机从中渔利,大发横财,使得民众深受其害,为此纠纷案件频发。

中华民国十七年四月二十一日,丈放东夹荒事务局总办孙兴武、会办战涤尘,联名就汉民强占王爷、福晋土地给奉天省省长呈文,奉天省政府对联此作出批示。

中华民国十七年四月二十一日,丈放东夹荒事务局总办孙兴武、会办战涤尘联名呈文和奉天省政府批示影印件:

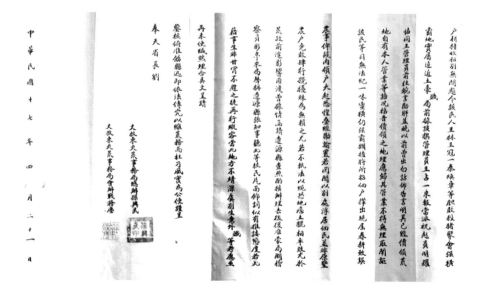

中华民国十七年四月二十一日，丈放东夹荒事务局总办孙兴武、会办战涤尘联名呈文原文：

呈为准达旗札萨克函称福晋价领地亩被狡黠之徒阻挠佃种，屡戒罔悛，据函转达辽源县处理，深恐别酿事端，谨据情呈明仰祈。

鉴核俯准，饬县依法传究事，窃于本年四月十四日，准达尔罕亲王旗札萨克公署公函内开迳启者，案查敝旗出放东夹荒前于开办时，曾奉札萨克王爷手谕，此次丈放夹荒，以本王应得荒价项下折留，上则熟地三百四十方，以资要用等因。奉此当与汉局咨行，照数拨出填发执票在案，惟以时届春耕前，经王爷专派妥员王占一来辽，设立达王府仁德垦务公司，专司招户收租事宜。兹据王管理员来处声称，王爷福晋原留之地，业已招出，惟铁道西，有大爷窝棚民人王林、王家窝棚王冠一、西敖吉屯秦焕章等，杀猪聚会，霸不交地，复经敝处派员详查，实有聚众横揸情事。查敝旗王爷福晋原以自有土地，复又备价领回，其理不为不公。该等浮居民佃竟敢如斯野蛮，尤敢强霸拦揸，殊属目无法纪之至，果不严加管束，难免不无意外之举。除函请县署传押外，相应函请贵局烦为查照，速将该土棍王林、王冠一、秦焕章等一并传押从严究办，以儆刁风而维产权，并希见复为荷。此致。等因，准此。查达旗福晋凭价购领生熟荒地三百四十方，已经职局收价填发执票在案。按诸土地管业权完全享有，自应由该福晋招户耕种收租，别无问题。今该民人王林、王冠一、秦焕章等，胆敢杀猪聚会，强横霸地,实属迹近土豪。职局前,据该旗管理员王占一来报,当派祝起员、明耀临同王管理员前往,婉言劝解,并晓以前曾出白话布告言明,"其已经价领荒地,自有本人管业"等语,况福晋价领之地,理应归其管业,不得无理取闹。讵该民等目无法纪,一味蛮横,仍强霸拦揸,将所招佃户撵出,现届春耕致误农事,俾段内领户大起恐慌,叠经劝谕,置若罔闻,以别处浮居佃民,并非原垦农户,竟敢肆行搅扰,殊为无赖之尤,若不执法以绳,恐地痞土棍相率效尤,于荒政前途影响匪浅,曾据情函请辽源县查照酌核办理,去后复准蒙局□稽察员彩亭来局,声称辽源县张知事听此等狡民片面饰词,似有推诿态度。若此藉事生非,甘冒不韪之徒再行纵容,当此地方不靖深虞,别生意外。职等考虑至再未便缄默,理合具文呈请鉴核俯准,饬县迅即依法传究,以维荒务而杜刁风,实为公使,谨呈。

奉天省长刘

丈放东夹荒事务局总办孙兴武
丈放东夹荒事务局会办战涤尘
中华民国十七年四月二十一日

奉天省政府对丈放东夹荒事务局总办孙兴武、会办战涤尘联名呈文的批示原文:

该王秦等如果毫无根据,竟尔强霸拦揸,可谓荒谬之极。县知事职责所在,岂应推诿。该局会办为直辖道尹,何以不能指示遵办而尚等请示,实不可解。

四月二十四日

七　出放西夹荒、辽北荒

西夹荒、辽北荒是1929年(民国十八年)奉天省政府以"垦荒兴利、发展民生"出放的荒地,是与"东夹荒"相对应的区域,处在以科尔沁左翼中旗架玛吐为中心的大片土地,南北长约二百五十里、东西宽约三十里。即:东南至四洮铁路,东至图什业图王旗,北至鲁北,西至开鲁,南至通辽县。西夹荒和辽北荒是从清朝初期到民国十八年间,科尔沁左翼中旗蒙古民众手中最后一片生存之地。也就是说,到民国十八年时科尔沁左翼中旗唯一剩下没有被开垦的地方。这里的蒙古民众大多数是从其他被开垦的地方移居过来的。

丈放"西夹荒"后,很多蒙古王公纷纷站起来要求奉天省停止丈放。大多数王公也以生计地、留界地为由,向奉天省申请停止丈放西夹荒或者请求把开垦面积缩小。《近现代蒙古人农耕村落社会的形成》记载,蒙民代表包敖木涛、潘砚台以雨水大为由请求停止测量。

> 呈为具覆蒙民代表包敖木涛、潘砚台等请求停丈,以惟民命一案,业于九月一日实行停测。仰祈鉴核事。案奉钧府指令:据西夹荒蒙民代表包敖木涛、潘砚台等呈:为暂时停丈,以惟民命等情,令开呈悉该代表等,所陈各节,是否属实,仰东西夹荒局迅即查明,并拟具意见呈覆,以凭核辩。抄发此令,等因。奉此遵查。该代表包敖木涛等所称地方被水房屋倒塌,食宿困难,请暂时停丈,以免滋扰等语,尚属情。业与测量队蒙荒局商允,于九月一日起实行停测一个月,将在段人员全行撤回,并已呈报在案。奉令前,因除俟水势退减,禾稼收割时再行继续出测……①

开垦导致了蒙古民众和蒙古王公之间的矛盾、蒙古王公相互之间的矛盾也更加激烈,同时也加剧了蒙古王公和汉人军阀以及民族之间的矛盾(详见第三章)。在此期间就发生了温都尔王、嘎达梅林等人的多次抗垦活动。

---

① 孛儿只斤·布仁赛音:《近现代蒙古人农耕村落社会的形成》,内蒙古大学出版社,2007年。

第三章　西夹荒辽北荒的开垦与抗垦斗争

通过丈放官庄、官荒、蒙地以及清丈土地时搜刮民财,成为奉系军阀张作霖时期黑暗统治的突出表现。所谓官庄,就是指清朝王公贵族的庄田、宗田旗地,是清王朝统治时期王公贵族凭借特权获得的土地。辛亥革命推翻了清朝统治后,官庄的壮丁、佃户有的"抗租不交",有的将所耕之地夺为己有,不少王公贵族以变卖土地为生。1915 年,奉天当局改由官地清丈局主持丈放,所收地款二成拨归国有,八成收归据地王公。丈放官地,既是对壮丁、佃户的反攻倒算,替清朝王公夺回土地;又是奉系军阀的一次搜刮,名曰收归"国有"地款,实则尽入军阀官僚之手。所谓官荒,就是指国有荒地,但各级官吏借以丈放这一部分荒地之机从中渔利。1916 年,张作霖"强迫开放达尔罕亲王旗辽河南北沃土四千余方","张学良及其岳母王老太太、鲍贵卿、冯麟阁等分割了千余方"。1921 年,张作霖占有了通辽以西的沃土"二千八百余方"。张作霖与吴俊升、鲍贵卿、孙烈臣仅在通辽县就霸占了上千垧好地。

在出放荒地时,奉系军阀派遣兵丁强行出荒,催逼蒙民限期离开。又往往是"此荒未竣,另荒又开",而每一次出放荒地都迫使以游牧为生的蒙民从水草茂盛、便利、优良的天然牧场,背井离乡地迁移到沙漠、盐碱的贫瘠地带,导致了蒙古族游牧经济的解体或萎缩,致使不善农耕的民众生活更趋贫困化,也进一步激化了社会矛盾。

一　开垦中王公领有权之争

在内蒙古区域研究方面有关科尔沁左翼中旗的蒙地开垦研究中很少有介绍"辽北荒"和"西夹荒"开垦情况的,原因是两荒并没有被售卖,属于末了荒。但是,因为"辽北荒"和"西夹荒"的开垦关系到科尔沁左翼中旗的存亡,所以该问题已成为围绕蒙地开垦所导致一切矛盾的集中体现。通过"河南河北荒"的开垦,王公之间领有权的对立更明显地暴露出来。从新开河北至乌珠穆沁旗的科尔沁左翼中旗的北部地区人烟稀少,直到清末人们仍过着传统的游牧生活,至于农业,蒙古人只把它当作副业,当时传统农耕被称为"漫散子"。随着南部地区开垦的急速推进,已习惯于经营农业的大量蒙古人移居到这一地区,到二十世纪初该地区的人口密度逐渐增大,定居和农民化的倾向越来越显著。

在科尔沁左翼中旗,从西辽河北岸到北部区域是卓哩克图亲王的四份座落与达尔罕亲王的九份座落相互混杂的交接区域,而越往农业影响小的北部地区双方领有地的界限越不明确。在经历了"巴林爱新荒"和"河南河北荒"等几次领有权纠纷问题后,达尔罕亲王和卓哩克图亲王都清晰地认识到,从新开河到北部地区的领有权发生冲突只是时间问题。于是,二十世纪十年代初两亲王在该地区各自建立了"安垦局"。不久,达尔罕亲王收容了大约一百家佃户,按照犁数多少每年向佃户征收一次粮食。由此,两亲王的"阵地"经常发生冲突。从"安垦局"的设立和征税方法来看,事实上对于两亲王而言,这里征收的税与南部开垦地征收的税相比只具有象征性意义。

卓哩克图亲王首先提出了北部地区的领有权问题。"河南河北荒"的开垦工作结束,由领有权引起的王公之间的紧张状态稍微有所缓和。在中华民国十年二月十九日,卓哩克图亲王色旺端路布将新开河北岸到北部兴安岭的未开垦地命名为"花学衙门"①又向奉天省呈文状告达尔罕王,认为这块土地的领有权原先就属于卓哩克图亲王,达尔罕王属于滥用札萨克权力,企图将它划在自己名义下。

据卓哩克图亲王的信件讲,"花学衙门"是他们的祖先王墓,此区域一直都是卓哩克图亲王的属民居地(见图 2—1 所示)。第一代卓哩克图亲王乌克善的墓地、第二代卓哩克图亲王弼勒塔格尔的墓地就在扎鲁特旗前德门苏木。由于老卓哩克图王府领地也位于科左中旗的北部区域,从这一点来看北部地区应是以"花学衙门"和老卓哩克图王府为中心的一个整体。

---

① 花学衙门:"花学"或称"华少",是蒙古语"旗"的科尔沁方言的汉语表达;"衙门"不是指政府所在地,而是表示贵人的墓地的科尔沁方言。

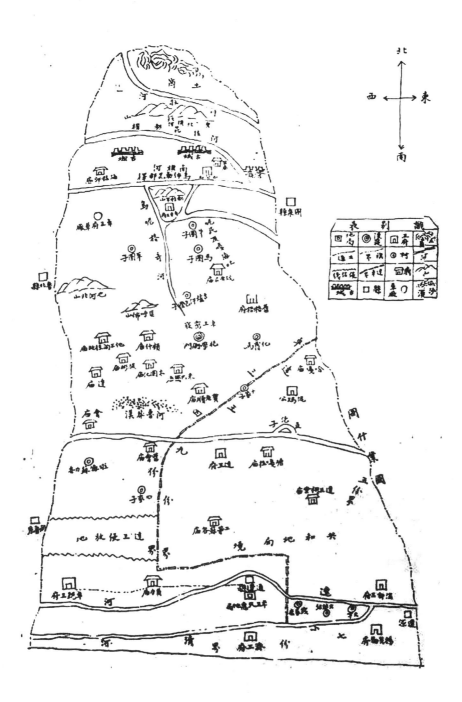

图2—1　达尔罕王侵放花学衙门荒地一案略图

卓哩克图亲王状告达尔罕亲王诉状影印件：

民国十年二月十九日

卓哩克图亲王状告达尔罕亲王诉状原文：

谨将花学衙门属于敝爵之证据暨达王恃强凌弱,欺蒙列宪之事实,敬为各当局缕析陈之。

一、花学衙门确为敝爵历代先王之牧场,查左翼中旗,原本共分四支,敝爵卓哩克图实居其长,世袭札萨克垂八世之久,功绩位望,为四家之冠。自有本旗以来,四支宗派,各有领土,显分疆界,对外虽合一旗,对内则各理其疆域。疆域以内为各牧场,敖保为记,不相混淆。年代纵远,遗踪犹存。花学衙门自昔为敝爵历代之牧场,考之典册,徵之地界,足可证明者一也。

二、花学衙门荒界以内,所居蒙民,确系敝爵所属,是以证明该地为敝爵所有。查宗支分派,已如前述。各亲王既各领其土地,复各有其民,在某家辖境内之人民,即归某家统治,相沿至今,旧习仍在。花学衙门荒地内人民,自来归敝爵管理,则其地之属于敝爵已可毫无疑义。为证实计,尽可派员前往,查询该地居民究属何家,即可知该地之谁属,以可证明者二也。

三、花学衙门为敝爵历代寝墓所在,足以证明该地属于敝爵。查花学衙门,即蒙语"长王陵寝"之义。盖此地即为敝爵历代之封疆牧场。故历代坟墓胥在其处。周围荒地一半为蒙民之游牧场所,一半为陵界之祭田。在此范围内,不下万余方领域,显然非他人所可混赖者,此可以证明者三者。

四、该地为敝爵王府所在,是以证明该地为敝爵所有。查敝爵王府,即在花学衙门所有。查敝爵王府,即在花学衙门之中间,统属所辖人民,周围散布不下数万户,游牧耕植,相安百余年,纯以本王府为政治之中心,花学衙门全部均敝爵命令所及之处,其地非敝王而谁属,此可以证明者四也。

五、该地设有敝爵安垦局,是以证明为敝爵所有。查该地既属敝爵历有年所,故为开发地利,谋蒙民之生计起见,设有安垦局,以资提倡设局招垦,迄今已历数年,如果此地非敝爵所有,其他王公安能令敝爵之独享其利,此可以证明者五也。

据以上各理由,该地之属于敝爵,不待言辨,可称决无疑义。覆查左翼中旗各王公。对于土地人民,各有其分,分划明了。敝爵所领之土地人民为四份,达王所领者为九份,各不相混。全旗咸知花学衙门之荒地,均属四份之内,与达王毫无关系。今竟倚恃权势,强行欺夺。更复

欺蒙省宪,越俎代庖,此种蛮横行为,敝爵岂能甘受。查敝爵爱国爱省,
不敢后人开放荒地,裨益国省,固极端赞成。但愿直接与省府商承办
理。对达王之越权侵占,抵死不承。如认扎萨克有代表全旗之权责,对
旗内公有之土地则可,对敝爵私有之产权不得过问,兹为保持产权,赞
襄垦务起见,谨陈。

中华民国十年二月十九日

对于卓哩克图王的告状,在"达尔罕王呈文,关于丈放辽北荒段争界情形"
里,达尔罕王首先承认"花学衙门"是卓哩克图亲王的牧场,还指出,从以前的札
萨克同闲散王公的关系来看,卓哩克图王虽然在这里有放牧的权利,但没有售卖
或处理土地的权利。而且依照先例,除了"巴林爱新荒"外,闲散王公虽有领取售
卖金的权利,但没有处理土地的权利,土地处理都是在札萨克的主导下进行的。
在"东夹荒"的开垦问题上,拥有售卖主导权的不是领主温都尔亲王而是旗札萨
克。

达尔罕王又反驳说,在开垦"巴林爱新荒"时他不忍目睹被债主追讨幼小的
卓哩克图王,在得到各王公的许可下作出特别开垦决定,交给国家五分之一,剩
下五分之四的售卖金全部归于卓哩克图亲王。尽管如此,卓哩克图亲王还无理
争夺。对于卓哩克图亲王提出的以上理由,达尔罕王还是强调旗地的一体性,不
能因为那里有王府就主张是自己的私产,那么王府和尼玛公府、多尔吉公府也都
设在那里,又到底该是谁的私产呢?从理论上讲,全旗土地是为七家王公所共有
的。

在闲散王公中,卓哩克图亲王对札萨克采取比谁都强硬的态度,可以说是有
一定原因的。从"科尔沁左翼中旗王公系表图"中可以看出,该旗第一代札萨克
不是出自达尔罕亲王满珠习礼(宰桑的四子),而是第一代卓哩克图亲王乌克善
(宰桑的长子),设立科尔沁左翼中旗时只有乌克善拥有亲王爵位,四子满珠习礼
的爵位只是郡王。从以后的经历来看,在达尔罕王遇有什么特殊情况时,卓哩克
图王则被指定为旗札萨克也是惯例。虽然不一定像卓哩克图王所说的那样世袭
了八代札萨克,但卓哩克图王家族在科左中旗凌驾于达尔罕王家族之上的传统
认识还是没被完全抛弃,或许这正是他们对旗札萨克持强硬态度的理由。由于
王公之间不断发生领地纠纷,奉天省政府通过对其纠纷的裁决,已成为科尔沁左
翼中旗蒙地开垦的典型方式。蒙地开垦不仅可以解决王公之间矛盾纠纷,给国
家和省里财政带来税收,而且参与解决纠纷者还可以得到好处。长年在北京的
奢侈生活所欠债务以及因民国时代的到来所导致各种特权的丧失,是王公之间

产生矛盾的真正原因。而解决债务危机的唯一方法就是开垦蒙地。达尔罕王和卓哩克图王围绕"花学衙门"领有权的纠纷正好与涉及两王的"河南河北荒"的开垦时期相重叠，所以旗里和奉天省政府方面没有充裕的时间处理两亲王之间的矛盾。但是随着"河南河北荒"等开垦计划的完成，也就是到了二十世纪二十年代后半期，奉天省终于将这块纷争区域命名为"辽北荒"，并作出开垦计划。

为什么东夹荒出放事务尚未完成之时奉天省政府又作出丈放西夹荒的打算？原因是科尔沁左翼中旗一小撮贪得无厌的人，企图在出放土地中大发横财，在省城进行活动、四处花言巧语，把已经出荒的辽源州和通辽之间的区域作为与东夹荒相对应的——称为"西夹荒"而出放，以附和当时国家的"开发蒙疆，移民实边"的政策，以"垦荒兴利，发展民生"为托词，使这一区域得到允准出放，借以牟取暴利大发横财。

科尔沁左翼中旗蒙古民众听到又要出放西夹荒的消息后，犹如晴天霹雳，惶恐万状。居住在这里的蒙民，除了原居此地的台壮平民外，绝大多数都是在历次放荒中抛家舍业、背井离乡，为了谋求暂时生路而迁居到这里来的。此外，曾经以借出放东夹荒之名，把夹荒地界南北长一百多里、东西宽三四十里的土地一并列入荒区加以垦放，还把原有的六十多处蒙古村屯全部包套在内，早已超过了指定荒界以外，一直出放到新河东沿，几近温都尔亲王的公主陵寝。而且，在这次丈量过程中又以登记户口、调查熟地、丈拨村基等种种名义横加勒索。台壮平民申诉无门，被逼无奈之下不得已才转移到了新河沿岸，在这个仅数十里的"西夹荒"之地栖身。不料想他们又打这块荒地的主意，要出放西夹荒，又逼迫居民流离他乡，让民众求生无路！虽然，推选百家长银宝、丹比等为温都尔王所属的各村代表，为本境内的数万民众向旗札萨克达尔罕亲王请愿，并转请奉天省政府收回继续出放荒地的成命，以拯救民众于水火之中，但请愿结果却是无济于事。

中华民国十八年（1927）三月二十七日，奉令把原来的丈放东夹荒事务局改为丈放东西夹荒事务局，总办是刘效琨。

继续出放西夹荒，不仅使广大民众遭受了严重灾难，同时也波及多个方面，预感到继续出荒的严重性。当时从西藏来达尔罕王旗放经的班禅额尔德尼就深究到问题的严重性，为达尔罕王旗的继续出荒甚为担忧。为此，他给奉天省公署主席臧式毅写信，道出他对出荒的担忧。

班禅额尔德尼给奉天省公署主席臧式毅的信函影印件：

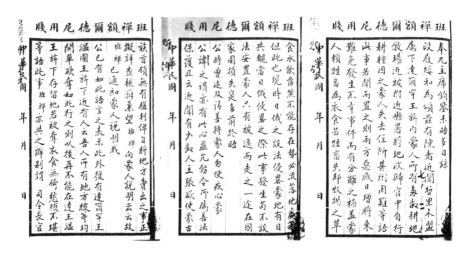

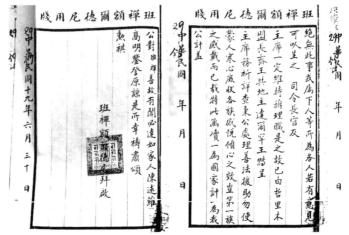

班禅额尔德尼信函原文：

奉九主席钧鉴：

未晤多日,谅政履缓和为颂。兹有陈者,近闻哲里木盟属下,达尔罕王旗内蒙人所有多数耕地牧场,近被附近县署,将地收归官中,自行耕种。因之蒙人失去住所,甚形困难等语。此事若闻而置之,则两方恶感日增,将来难免发生不幸事件,而有分离之祸。盖蒙人赖牲畜为衣食,若牲畜失却牧场之草食水饮,当然不能存在,势必流落他处。不但此也,现时日俄之设法侵略蒙地,有目共睹。当日俄侵略之际,此事发生,苟不设法安置蒙人,只有被逼而走之一途,在国家固损失实多。前于晤公时,曾述及请善待蒙人,勿使疚心,蒙公讳之,谓亦有此心。并允饬令所属善法保护。且云,近闻有少数人主张,欲使蒙古族首领,无有权利,俾自将地方卖出之事,正拟详查核办,兼望班禅向蒙人说明云云。故班禅已通知蒙人,说明我公已有如此语言之表示。此外复有达尔罕王温图(温都尔)王旗下,近有人云:吾人所有地方,彼等均开单欲夺,如此行之,则以后再不能在达王温王旗下存留。地若被夺,衣食无倚,愁烦不堪等语。此事班禅亦与之辩别,谓司令长官,绝无此事,或属下人等所为。各人若有意见,可以呈之司令长官及主席,一定维持办理,职是之故,已由哲里木盟长齐王与地主达尔罕王转呈主席,务祈详查,秉公处理,善法援助,勿使蒙人寒心,庶收各族感悦倾心之效,岂第一族之感戴而已哉。特此函牍,一为国家计,一为我公计。盖公对班禅善,故有闻必达。如家人陈述,维高明鉴(察),原谅,是所幸祷,肃颂勋祺。

班禅额尔德尼拜启(章)
中华民国十九年六月三十日

王公之间关于土地的领有权之争,不仅没有得到辽宁省政府的调解,辽宁省政府反而利用矛盾实施继续丈放辽北荒西夹荒的计划。

二　西夹荒辽北荒的开垦计划

中华民国十八年初,辽宁省派遣省委员郑金铭和王伟烈两人进行有关"西夹荒"和"辽北荒"的调查,同时命省政府行政第一科整理两亲王的争论点并提出解决方案。然而,奉天省第一科整理两亲王告状书信后作出的处理内容,与郑、王二人现场实地调查的报告书内容极不吻合。辽宁省政府第一科整理资料竭尽全力分析两亲王纠纷产生的本质问题,而实地调查报告书却强调尽早开垦"西夹荒""辽北荒"和设置县治的必要性。

"西夹荒"和"辽北荒"是从清朝初期到民国十八年(1919),科左中旗最后一片生存之地。两荒段内共十二村,一百七十二屯,九千八百八十九户,五万九千零二十七人。此荒段是科尔沁左翼中旗唯一没有被开垦之地,对于蒙民来说再没有可移居之地了。所以,奉天省政府必须考虑蒙古人的生存,应该给他们留下充分的"留界地"。在解决两王纠纷的同时,必须考虑蒙古人的生计问题。历来各座落之间的界线问题总是成为王公之间争斗的焦点。通过几次领地纠纷,围绕界线问题,奉天省对于札萨克和闲散王公之间的关系以及各座落的范围有了一定的认识。这一点最明显地反映在丈放东西夹荒事务局秘书周之栋以行政第一科名义,向奉天省政府提交的关于西夹荒开垦问题的报告书里。他在报告书中指出:达尔罕王旗的土地名义上是在札萨克的管辖之下,但实际上是各家拥有各自的管理权,札萨克没有"领主"的许可,无权自由地开垦旗里的土地。

行政第一科周之栋向奉天省政府提交的关于西夹荒开垦问题的报告影印件:

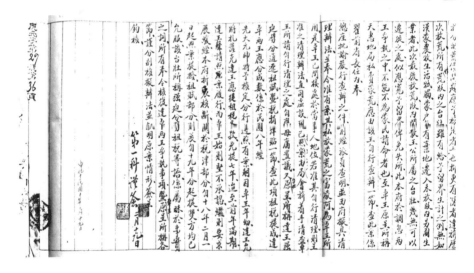

行政第一科周之栋向奉天省政府提交的关于西夹荒开垦问题的报告原文:

谨按政委会来文参以达王所陈(节略)。关于辽北放荒案,卓王与达王争持之点,厥为三端,一为界址问题,一为权限问题,其结果实不外分配荒价问题。详加察核各项争点,有尚待考证者,有业经解决者,有应予核定者。谨缕陈之。查达旗土地,合之则为七家王公所共有,分之则各有座落,即各有主份,如达王之主九份,温都尔王之主五份,卓王之主四份是也。卓王在辽北荒段以内,既有府邸、陵庙可考,自属主份王公之一。但仅据一部分之遗迹,即推定全部荒段概为该王所有,则似与事实不符。究竟卓王原呈图说,所分之四份、九份界址,系何根据,该旗应有原图档案可稽,应由旗详查见复,再行核办。此关于荒界问题,尚待考证者"一"也。

向来出放蒙荒,无论系何王公土地,公家则唯与扎萨克王公会同办理,闲散王公从无与公家直接处理荒务之权。温都尔王为闲散王公中之帮办盟务者,对其主份之东夹荒,仍须归旗丈放,毫无异议,可为明证。前卓王之出放巴林爱新(白音泰来——笔者注)荒段,系属例外,不足据为定案。且巴爱拨补荒段时,公家尚须取得达王扎萨克之印文,方为有效,是主持荒务扎萨克本有特权。今卓王请将华霄衙门全部荒段准其与公家会放,实属无此办法,碍难照准。前以卓王一再来函,本府为息事宁人计,曾准其举荐一人,加入蒙荒局办事,自可由卓王提出人选,商得扎萨克同意加委,到局办公,无虞隔阂,此关于权限问题,已经解决者"二"也。

至分劈荒价办法,东夹荒价款,属于蒙旗应得部分,系达王扎萨克六成,主份王公四成。此次为达旗最后放荒,所有段内闲散王公,各怀利益均沾之望,达王为全旗王公领袖,有维持家族之义。卓王并独享巴爱荒价于先,所得已优。此次辽北地价,应由达王扎萨克应得之六成及主份,王公应得之四成内,各提一成,为其他闲散王公酌量分劈之用。达王原拟就四成价内,归各闲散王公一律均分,似有未协。此关于分配荒价问题,应予核实者"三"也。

抑更有陈者,达旗历次放荒,所有放荒段内之台壮,虽有给予留界生计之例,无如汉蒙农牧生活抵触,蒙户每有弃地迁入未放段内,另图生业者。此次最后放荒,段内闲散王公所属之台壮,几无可以迁徙之处,似应宽予留界,俾免失所。此本府于调息两王争执之中,不能不为蒙民请命者也。

至卓王原呈所称,天惠地局私卖蒙荒,应由该王自行查办一节,查此案系翟前省长任内,奉总座批谕,严行查办之件。前经派员查明,并由府拟具清理办法,呈奉令准有案,其私放蒙荒之富凌阿为卓王所用,是卓王已间接处于当事人地位。若准其自行清理,则呈准之清理办法,直同虚设。现已按照呈准原案,由局会旗着手清查。卓王所请自行清理之处,自应毋庸置议。又台壮原呈所称,达王强迫劈分通辽租赋暨税捐津贴一节。查此项租税提成,达、卓两王应分成数,系于民国八年,经先大元帅特予核定,分行遵照有案。嗣因卓王年幼,达王允将扎萨克达王应提租税各款,免提七年,迫至前年满期,达王声请照原案履行,而卓王始则坚不承认,继则要求展缓。经本府折衷核断,关于税津部分,自十八年二月一日起,照案提拨,租赋部分,则展自十九年分起提,双方均已允服。该台壮所称,强迫分劈租税等语,系属昧于事实之词,所有奉令核复达、卓两王争执事项暨卓王原呈所称各节,谨分别核拟办法,并叙明原案情形,签呈,钧核。

第一科谨签(章)

中华民国十八年①二月十九日

清朝初期,达尔罕王旗属地领有权分为"四大股":其一,卓王与北山乌拉公为一股,称四份子;其二,温都尔王为独立为一股,俗称五份子;其三、杨王与济王为一股,俗称七份子;其四,达王与北山呢玛公为一股,俗称九份子。见图2—2所示。

图2—2 达尔罕王旗土地领有权示意图

---

① 根据正文中"自十八年二月一日起",此处"十年"有误,——笔者注。

　　这个属地领有权分配表明，除了卓哩克图王和达尔罕王双方都拥有"北方地区"的领有权以外，达尔罕王家的分支尼玛公（闲散镇国公）和卓哩克图王家的分支乌拉公（闲散镇国公乌勒吉毕力格图）也拥有该地区的领有权。对于王公之间的领有地问题有了一定认识的辽宁省政府，为了解决纷争问题，希望政府掌握主导权，将旗地开垦到最后。

　　辽宁省政府派出省委委员郑金铭、王伟烈去实地调查情况。本来奉命调查达尔罕王和卓哩克图王两亲王领地纠纷实况的二人，却将调查重点放在了怎样丈放达尔罕王旗北部地带的荒地和建县设治上，他们二人分别向辽宁省政府提交了实地调查报告书，强调开垦达尔罕旗北部地带和设立县治会为省里带来利益，极力主张实施辽北荒的开垦和在舍伯吐、架玛吐两地设立县治。

　　中华民国十九年七月十五日，辽宁省政府委员、东西夹荒局辽北荒务局顾问郑金铭，向辽宁省政府提交了关于辽北荒段情形并拟设治地点的呈文。其影印件如下：

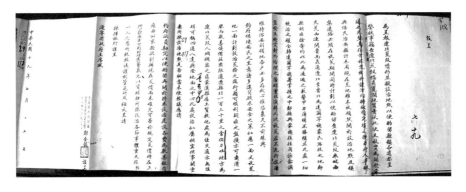

　　中华民国十九年七月十五日，郑金铭向辽宁省政府提交关于辽北荒段情形并拟设治地点的呈文原文：

　　报呈

　　为呈报辽北荒段情形并拟设治地点以便酌留县镇各道恭呈

　　鉴核事，窃查，辽北荒段幅员宽阔，地质肥沃，此次丈放实为开发蒙地之光声。查往昔放荒，对于设治，均待放领完竣之后，另行入手。殊与保民治安、顾计未周。现在荒地虽未放领，然关于设治地点及镇集道路，必须在放荒期间同时计划，以便酌留。查辽北荒段，东毗西夹荒、西连开鲁、南靠通辽、北至鲁北，为达尔罕旗蒙民游牧之地。邻县胡匪抢夺，均以此为逋逃之薮，警甲力薄、缉不胜缉，且此处一切统治之权，全归达尔罕旗署掌握之中。邻县与蒙旗往往因诉讼调案发生冲突，对于治理之障碍，实非浅鲜。此次放荒,若不先行设治维持治安,则领地各户必多存戒心,唯恐裹足不前。殊与钧府保境安民之至意,诸多违背。欲求安全之策,似应一面丈放荒地,一面计划设治。荒务之进行籍可顺利,胡匪之盘扰,亦可肃清,一举而数善具备。兹查距通辽县北一百三十里之舍伯力吐地方,为辽北荒段人烟稠密之区,蒙汉杂居,土质较他处为佳,交通亦无阻碍,可称四通八达兴隆地面之中心。此处设治似属相宜,但事关重要。所拟设治地点是否相当,未便轻议,应请钧府派员勘定,以便酌留。再关于将来设治建设各费为数甚巨,自应由公家拨款创办。现在荒价尚未确定,可否于规定荒价时,在正价之外,每方分别加增建设费数元,以资补助所陈设治各节,事体重大,非铭一人之愚所敢轻议,谨就管见所及,备文呈请,采择施行。

    谨呈辽宁省政府主席臧
    辽宁省政府咨请

            东西夹荒局辽北荒务局顾问
            随同办理两局荒务事宜　郑金铭　谨呈
            中华民国十九年七月十五日

时隔半年的中华民国二十年一月二十七日,辽宁省政府委员王伟烈向省政府提交了关于在西夹荒之架玛吐设县的报告。

中华民国二十年一月二十七日,辽宁省政府委员王伟烈向省政府提交了关于在西夹荒之架玛吐设县报告影印件:

中华民国二十年一月二十七日,辽宁省政府委员王伟烈向省政府提交了关于在西夹荒之架玛吐设县报告原文:

事由:

王伟烈呈复勘西夹荒设治地点情形由

(对于开发蒙边,剿除盗匪,不独容易联络)尤便控制不第。就西夹荒内部立论,县治应设加木吐①毫无疑问,即以外围形势统核。加木吐西与热河之开鲁,东与吉林之长岭,适均居于一直线上,遥遥相对。将来如能互通铁路,即可成为辽吉热三省区联络孔道,地位非常重要,设县极有价值。唯就西夹荒现在崴荒匪扰,地方调零状况,观察民穷财尽已达极点。即目前民食明年,春耕尚在亟待公家筹策救济,若再责以□,将修建新县之费,民力实有木逮俩炖。由公家出款经营,值此库储支吐必致难于筹措。初步计划,莫如先行西夹荒设治,机关暂置毗连该荒东面之站道荒界内,四洮路三林站铁道西部,以便就近经营西夹荒段,而资从容兴修加木吐县基,俟其完成再行迁入。籍经财力用济时艰中言,其利计有数项:查三林站西往□驻有防军,曾筑大营一所,局势宽敞,墙高屋多,不亚城池,附近又有烧锅院筒一处,占地颇广,房舍栉比,俨然堡垒。而今军队他移,烧锅倒闭,两处院宇现均空闲,如果合而为一,改作公用,所有设治方面应立一切公办局、所,□有现成房宅可资安置,略为修补即能适用,稍加规划秩序井然。此则无需劳民伤财,急与修新县省事省款,未可数计其利一也。县治既先借地成立,而西夹荒段内部应行建设各项,自应采取渐近主义,一面成立区村护垦安民,一面兴修县基设施行政,最迟三年皆具规模,再由三林迁入新县。届时自有手到渠成之妙,而获事半功倍之效,其利二也。且初放之荒,新建县治,首宜剿除匪患,肃清地面,方保旧户绝不他移、新户亦必闻风来归,地方始易发达殷繁指日可待。设将西夹荒设治,机关先置邻近铁路交通极便之三林站西,遇有匪警,呼应密通,调兵遣

_____

① 加木吐:为现在架玛吐镇,架玛吐系蒙语,音译"加木吐""扎么吐",有路之意。位于科左中旗人民政府所在地保康镇西30公里,现有土地面积496.17平方公里。早在辽代就有人类这里放牧活动,历史上是蒙古族的牧养之地。

将,防剿皆便,其利三也。□者太平川及衙门台①两处商民先后来省具呈,请将新县设于川街或台站,所持理由不外于此,经查太平川位置偏北,不合控制,衙门台则地势洼下,易遭水患,故均不堪采用耳。再以东夹荒与站道荒而论,虽经划归辽双两县,而该两县因系接管于崴荒户逃之际,难竭其力,并顾兼筹,终以地方进款有限,无从扩充警甲实力维护新界,殊形棘手。实际上究有鞭长莫及之虞,果将西夹荒设治机关暂置三林,实行与辽双两县联防剿匪,必收居中策应之效,而免此剿彼窜之害,其利四也。又查西夹荒设治机关系,附设于东西夹荒事务局内,两荒既均本能放缓,一时自难划清事权所有,荒务局应办东夹荒事件,设治局在可以代办,以收同时并进之效。如将设治先行暂设东西夹荒中间站道荒界内三林站处,兼管东西诸多便利,其利五也。有此数利,似应因利乘使,以扼形势权宜,一时以济时艰,且东站两荒逼近两夹荒段,东站治安如无办法时,西夹人民势必时受影响,难获安枕,委以诸荒壤地相接,利害共同,确有连带关系,自不能不相提并论,而策两全之适。俾其一致繁荣,以免顾此失彼之论者,有谓辽双县治均偏处一隅何妨。就此添设新县,机会统筹,全局平均分配,重划县界,以为一劳永逸之计。顾辽县划界,兹事体大。当此年景,荒歉□济□窭,官民交困,勉维□状之俟,自属未便轻议,更议政滋纷扰,且新设之县□□土质肥沃之处,视为财富之区。以资取给一切建设之需,假使将西夹荒南部划归他县管辖,则筹备新县即难成立,□由辽源县界北分出一二重要市镇,益于新县而旧县亦必大受影响。此事仍以缓议为是。但如以西夹荒集借地三林暂设新县,管辖权上欲嫌不便,亦可迳将该站一部分地方划归西夹荒管,再将西夹荒南端五道湾地拨补辽源,局部交换,以资调剂,似尚不生任何窒碍,并于将来加木吐县基与修完成县治实行□□之后,所遗三林□□暨东夹站道两荒中间,并西夹辽北交界等处,均应嗣设重镇,以使联络□封而成掎角之势,籍防股匪□□孤立无援,则该各县治偏中之弊,暨诸荒段偏远之虞,应及而解不成问题,此则西夹荒段,关系各方情形,暨县治应暂设三林后移加木吐,以应现势而策万全,之实在理由也。伟烈暨谬蒙。

仁宪实视为较谙逊特饬赴段勘查,倘竟简单草呈报,地点适中与否,孰行赛责忿有辱命致幸。

---

① 衙门台:现名保康。衙门台,蒙古语,也称"牙莫台",贵族坟茔地之意。保康镇是科左中旗人民政府所在地。于道光十二年科左中旗包温德台吉在此居住,由此立屯并建有家庭坟茔地。

　　思知自应竭恳尽智,仅具体考察所得详细陈述籍图贡献敬□。钧核所有后勘西夹荒设治地点加木吐地方尚属适中,第应先将设治机嗣暂设四洮路三林站,以便就近经营荒段一俟,县基与修完成再行迁入,以□财力而济时艰,以扼地利,俾易发展各情形是否有当,理合绘具图说,具呈报请。

　　鉴核施行。

　　谨呈主席藏

　　附加木吐县基略图一纸

委员王伟烈(章)

中华民国二十年一月二十七日

　　中华民国二十年四月,辽宁省政府委员王伟烈奉命勘查辽北荒。王伟烈马不停蹄地勘查了辽北荒和舍伯吐等地,并就出放辽北荒和舍伯吐设立县治一事向辽宁省政府提交了考察报告。

　　中华民国二十年四月十日,辽宁省政府委员王伟烈就勘查辽北荒的舍伯吐设立县治一事的呈文影印件:

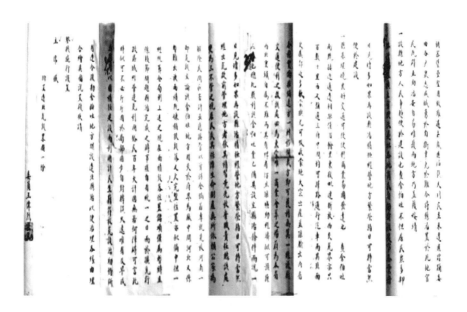

中华民国二十年四月十日,辽宁省政府委员王伟烈就勘查辽北荒的舍伯吐设立县治一事的呈文原文:

呈为遵令前赴辽北荒段勘查舍伯吐地方勘设县治复陈详情仰祈。鉴核事,窃伟烈承奉

钧令以据辽北荒务局呈报,该荒段中设治地点舍伯吐村尚属适中等情饬,即前往该处实地复勘,呈该核办等因奉此,伟烈遵,即驰赴通辽,当经会同官蒙两局暨达旗印务处等各方面所派人员,由通启程北上,前赴辽北荒段实地勘查,当经电陈在案。计此次行程系先到达旗札萨克府东西一带,巡视该荒务局已测未测并王府留界各地,继北赴拟设县治之舍伯吐。详细勘查完毕,复向东行,视察沿新辽河南岸居民熟地最多各处暨马场界止。时经一周,往返数百里,始将河南全部查竣归来。日前已将所得关于荒务各情另具节略瞳陈。钧阅。

兹再谨将复勘舍伯吐村县治地点情形报请。

□察:

一、县治设于舍伯吐地位扼要,便于控制也。查辽荒段介于辽热两省之间,北接乌珠穆沁、阿鲁科尔沁、图什业图、扎鲁特、达尔罕等旗,当入俄蒙孔道,地位非常重要。且段中除河南应测荒地外,并有府界、马场暨河北未放蒙荒。现虽区域各分终须统归县治,该舍伯吐适在以上各地中心。

县治成立之后，扼要而守居中策应，自易控制而便治理。

一、舍伯吐设县地方治安，易于维护也。查新设县治第一治安须有办法，百政方可依次施行。然而，值此地方凋敝，荒务迟滞之今日，如欲急切组成具有充厚实力之保安警队，固属无法筹款，举办维艰，暂时必赖官民合力御匪，守望相助。设县之后，方免时虞匪患。该舍伯吐原有殷实土著之户二三百家，人烟稠密，垒坚固故。虽遇去岁匪焰张天，村民未遭匪蹂躏，委由各户众志成城，勇于自卫，幸免于难。今将县治置于此地，官民既得互助，治安自易难击而地方乃益获绥靖。

一、设县地方人民争趋，便于建设也。查舍伯吐不但居民众多，抑且阡陌纵横，土质肥沃，是各地商民自动前往，从事各业者日见增多。如果再设县治积极经营，地方繁荣指日可待，当然便于建设。

一、县基环境良好，交通可使，便利商业，易图发达也。查舍伯吐南既接近通辽，相距仅百余里，东复毗连新放荒界，亦只百数十里，西称达王府中间，均可择路通行汽车，而其北背面吏属邻近多数蒙旗，尤可吸收蒙地大宗出产，并能输出内省各种货物，推销远方，一转移间，我方即可获利无算。一经设县，交通便利之后，该处必为东蒙唯一商业荟萃之场，蔚为本省西北重镇，自属不难而其有裨省防，且能补助经济，似可预操左□也。总此，数利，该舍伯吐业已备具设立县治条件，而况一日见增多。如果再设县治积极经营，地方繁荣指日可待。当然，经出荒从前管理地方者，依其积习竟先放弃职责，任听该变为三不管之境。居民失其保障，生命、财产无所依赖，公家为解除民间疾苦计，并应接管以资保全。倘若专说先放河南一部荒段，立论该舍伯吐地方因夹于府界、马场中间，河北又系暂难出放面积，既嫌稍狭段落，又欠完整位置，亦似偏中。但一经统筹全局，则上述之现在面积段落位置诸项，仅为暂时且系枝节问题。

县治完成之时，事权自有统一之日，而于扩充行政区域，经营边荒，利国裕民，百年大计，固无若何障碍可言。此时似可不必斤斤固于局部，固步自封，贻误久远，唯有及早成立县治，以图积极建设，而利国计民生，籍符放荒设治初指，所有遵令复勘舍伯吐地方，堪设辽北县治，以便治理。各缘由理合绘具图说呈复俟请。鉴核施行。

    谨呈主席臧
    附呈辽北荒段略图一份

                    委员王伟烈（章）
                  中华民国二十年四月八日

郑金铭、王伟烈二人在报告中都认为,辽北荒"地域南北六百里,东西平均五六十里,面积达到约两万方,有充分的土地设置一个县"。报告显示出二人对开垦的极大热情,主张即使留给在住蒙民赖以生存的土地,剩余的也能售卖一万方,并且都是质量上好的黑土,比已售卖的通辽土地还要肥沃。同时提出了建议,即使为了解决达尔罕王和卓哩克图王的纠纷,省里也应该发挥主导作用、掌握主动权,应该下决心进行土地开垦。

值得注意的是,二人在报告书中还指出:通过"辽北荒"的开垦,将辽宁省的势力扩展到兴安岭西北部地区,如果把乌珠穆沁旗出产的青盐直接运到南部商业密集地区,会得到很大的利益。当时乌珠穆沁旗的盐湖是支撑内蒙古中东部地区民众生活的重要天然资源,蒙古人亲切地把它称为"母亲湖"。在清朝"新政"实施时,姚锡光于1907年曾视察盐湖,并指出开发盐湖的重要性,于是盐湖成为蒙古地区重要的开发项目之一。很明显,这一开发思想被民国政府继承下来。郑金铭、王伟烈二人在报告书中又提出,开垦的最终目的不仅要开垦达尔罕旗的土地,还要把政府管辖下的哲里木盟蒙地开垦到最后,并设立管辖整个兴安岭山麓地区的县治,在政治方面将奉天官府的权势扩展到蒙古国和俄罗斯的边境地带,以巩固国防。

辽宁省政府采纳郑、王二人的建议,于民国十八年在通辽设立了辽北荒务局,并制定《辽北荒放荒大纲》,开启了具体的垦务事项。

《辽北荒放荒大纲》中明确记录了作为王旗的"留界地",在达尔罕王府附近留下一千方土地,除了"司令长官牧场"外,达尔罕王旗的全部土地(包括"西夹荒")要一律根据辽北荒务局的决定进行拍卖。辽宁省政府企图让达尔罕王旗以"留界地"境域成为一种象征性的存在,将省政府的行政范围直接扩大到乌珠穆沁旗。

中华民国十九年初,辽北荒务局颁布了《辽北荒务局测放蒙荒章程》。

辽北荒务局测放蒙荒章程

一 总则

第一條 本章程遵本省政府測放蒙荒大綱第一條之規定制定之一切事宜均遵照本章辦理其有本章程未經規定者應遵本省政府命令定辦法辦理之

第二條 本局直隸省政府命令段之定名曰辽北荒務局辦教

第三條 本局設於通辽縣城内省政府領發關防其組織另立之本為組織由該管省政府核定之

第四條 本局經測荒段面積大洋按新巴林愛新巴林近山未空間什業同鎮坐即蒙家驗榜二種苓卽本省南蒙均呈

第五條 測量定方法勁測諸軍測量應委之牧場系西荒

第六條 此段經分配二年期限難測竣殺

二 勁測

第七條 測放荒段面積應分大洋本數分配二年期限難測竣殺

第八條 本局測放荒段應先由林愛新巴林沿蒙界卽老空北近山未空間什業鎮起即家驗榜

第九條 勁測段之先應由本局及各鄉社會同測勘標期限

第十條 勁測段指定本南荒均呈

···

·90·

《辽北荒务局测放蒙荒章程》原文：

辽北荒务局测放蒙荒章程

一、总则

第一条　本章程遵奉,省政府测放蒙荒大纲第一条之规定制定之,一切事宜均遵章办理,其有本章程未经规定者,应遵大纲暨解释大纲决定办法办理之。

第二条　本局遵奉省政府命令设立,定名为辽北荒务局。办理放领达旗华宵衙门一带荒地事宜。

第三条　本局设于通辽县城,由省政府颁发关防,遇必要时得在荒段内分设行局,其组织另定之。本局组织,章程亦另定之。

第四条　测放此段蒙荒,除由省府设局办理外,并由该管蒙旗设立蒙局以资接洽。

第五条　本局经测荒段南由通辽巴林爱新已放荒界起北至乌珠穆沁旗界即老北山附近止,东至图什业图旗界即突泉瞻榆二县界,西至东扎鲁特旗界即开鲁,鲁北二县界,其西夹荒西界暨本局之东南界均至司令长官自留之牧场为止。

第六条　此段蒙荒由省政府商请陆军测量局拨测队若干队组,用测量方法勘测,该队遇有各事可随时向本局接洽或者直接向省政府请示,测量时如发生阻碍,应由本局径行协助办理。

第七条　本局经测荒段面积广大,测队不敷分配,一年期限难测完竣,其间改定三年,如有特别情形得呈请省政府延长或缩短期限。

二、勘测

第八条　测队勘测荒段之先,应由本局通知蒙局及邻县,会同测队勘拨荒段指定界至后由荒之南端与通辽毗连处进行勘测。

第九条　测队勘测手续,每宽长六里区划为井,每井划六小方(即六里方)每小方为一号,但有特别原因,须另区划编号者不在此限。

第十条　勘测绘图,宽长应以弓尺计算面积,应以亩分计算,亩下分位止,厘则五舍六收。

第十一条　勘测系以公尺为准,按二八八行弓,五尺为弓。二百八十八方弓为一亩,十亩为垧,四十五垧为方(即一方里),不及一方,半方以上者按亩计算,另列一号,不得并入邻号之内,不及半方者即并入毗连号内。

第十二条　勘测遇有已垦熟地,应由测队按户分别勘测,另行编号,不得与现定之方号套混。

第十三条　勘测之际遇有沙碱废地,不堪耕种者概皆满测,另行扣除编号留为官地,专案呈报备查。

第十四条　区划县镇村基以及道路等项,均应与勘测时同时并举。

第十五条　宽长六里大方之四角,埋立高大木桩,每小方之四角埋立小木桩。标桩之下并挖封堆,其应另行编号者,均应另埋木桩封堆以明界至。标桩之尺度,埋立之方法务切实用,应由测队核定办理。

第十六条　勘测之际,应由本局会同蒙局派员赴段随同测队,考验土质订定等则,应将土质等则等项,当时注于测队新绘之图该号地内,并由该员等另行册记。

第十七条　勘测之际,应由本局会同蒙局派员随同测队赴段调查台壮、陵寝、庙宇、王公府第,以及蒙汉垦户等项。调查蒙方事项之首要,应向蒙旗调阅册档。无论蒙汉自垦熟地,调查所得,应即时与测队方号对照,以免错误。并造具调查清册三份,蒙汉局各留一份,呈报省府一份,以便按册拨留各地。

第十八条　各项调查应特别审慎,调查原垦根据解释大纲决定办法第一项各条办理,并应取具各方切结,调查台壮,根据所调册档办理,以上各项调查所得,由督查长抽查一次,倘有冒报情事,惟经办人是问。

第十九条　照解释大纲决定办法第二项之规定,台吉每户拨生计地一方,壮丁每户拨生计地半方,其壮丁每户人口十口以上者,并得加倍拨给。

第二十条　生计地如有自垦熟地,先尽熟地拨留,无则另拨生荒,倘自垦熟地溢于应拨之数,准交价承领。不愿领者应由本户出具退结,撤地另放矣。有人承领时再将垦费转发本户,生计地如拨生荒,应由本局就近拨留,不准拣选以免纠纷。

第二十一条　倘非本旗台吉壮丁,虽暂迁居荒段以内,不得领有生计地,如在他段领有生计地者,亦不得在本段再领。

第二十二条　台吉、壮丁除拨留生计地外,仍愿交价领地者,应依大纲第八条之规定办理。

第二十三条　台吉、壮丁每户应拨城镇乡基半号,居城镇者拨城镇基,居乡村者拨村基,但不得城镇村基并领,亦不得任意拣选。

第二十四条　陵寝、庙宇、王公府第,应按现在占有之最小面积为拨留座落,兹定王公府第并另为拨地十五方,陵寝、庙宇大小不同,应按其情况,陵寝另拨地一方至十方,庙宇另为拨地一方至五方,倘有自垦熟地亦应先尽熟地拨留,无则另拨生荒。

第二十五条　达旗留界在王府附近照一千方拨留,以一段为限不得零星拣选。

第二十六条　台壮应拨生计以及陵寝、庙宇、王公府第之各项留地均免收地价,但附加经费及照费登记费一律照收。

第二十七条　前项各项留地既免收地价,拨留务宜公允,所拨各地以中下则为限,照应拨数,中则一半、下则一半。倘所领与规定不符,如领优地应由该户交纳优越部分之价款,如领劣地官府应设法补足,以示公允而免纷争。

第二十八条　放领界内所有熟地准原垦户优先报领优先拨,一户以二方为限,余地撤除另放发给垦费,其原垦与非原垦分配熟地、分配垦费,照解释放荒大纲决定办法第一项各条办理。

第二十九条　已垦熟地倘逾一年以上无人耕种,因而荒芜者即按生荒论。

第三十条　生荒熟地分上、中、下、碱四则。地势平坦、土质膏腴者为上则,地虽平坦而土质较薄者为中则,地势偏坡而土质硗瘠者为下则,卤碱沙石尚堪耕种者为下碱。

第三十一条　城基拟定宽长各五百四十丈(三里),至详细规定,应临时查核绘具详明图说呈报,省政府核准后再行办理。

第三十二条　镇基援照东夹荒办法宽长各二百四十八丈,全镇划分十字街,十道东西,南北四大街,宽八丈,其余各街宽六丈,除留街道外,内划分三十六大方,每方分为四号,宽长各十八丈,核面积三百二十四方丈,分上中下三等,沿东西南北四大街为上等八十号,沿大街背面为中等三十二号,沿四隅背巷为下等三十二号,共镇基一百四十四号。

第三十三条　乡基亦援照东夹荒办法宽长各一百八十丈,全村划分十字街,十道正中街宽八丈,其余各街宽六丈,内十六大方,每方二号,每号宽二十丈,长四十丈,面积八百方丈,不分等则。

第三十四条　勘测时预留道路,县道以五丈宽为度,镇道以三丈宽为度,乡道亦以三丈为度,均须绘于总图之内,以资考据。

第三十五条　旧有镇村未必与现定相符,应按规定之数展宽,其因人烟稠密已逾越规定之面积者,无须缩小。

第三十六条　旧有镇村各户零星散住者,应择适当地点为镇村之基地,不能任便散住,以免保卫之不周。

第三十七条　段内荒芜无人之处应择适宜地点,每距五里或十里划留村基、镇基,应以兴隆与否为标准,如遇原有镇村应为拨留仍旧。

第三十八条　荒段遇有纠纷情事,应由本局派员处理,以利进行。

第三十九条　测放之际该蒙王等如因疆界不清,互相争执,由该王等自行处理,本局不负责任,亦不得因此停止勘测。

三、放领

第四十条 此段蒙荒测竣一部,测队应将勘测状况绘制图说,连同各员调查情形一并送交本局,以便依据分造单册,核定地价,呈报省政府核准后先行放领,继续再测他部,务期早日办竣。

第四十一条 放领手续由本局出示宣布,遵照测放蒙荒大纲,以交款之先后按号指拨,如交款系第一名,指领第一号,即拨第一号。第二名指领第五号,即拨第五号,余类推分拨,既定不得以地不随意故为退领。

第四十二条 领荒各户如欲承领一号以下或一方者,应将此号荒地劈段编为该号之附号,如某字某号之附一号附二号等。

第四十三条 原垦各户承领熟地,台壮应拨之生计地,陵寝、庙宇、王公府第之留地,均由本局发给临时执照,持赴指定处所交纳应交各款以便识别。

第四十四条 前条领地各户,统限自领执照之日起两个月为限,应交齐各项费用,不交撤地另放。

第四十五条 撤领及退领各熟地领户,应与正价外每垧加收垦费,优地四元,中地三元,下地二元,碱地一元,房井等项种类不一,应临时查核公允定价,交由本局转发垦户。

第四十六条 倘非原垦而该地仍有人耕种者,原垦户无从探询领户所交垦费,完全归公解缴省库。

第四十七条 已垦熟地原户承领,应准佃户有优先承领权并纳垦费。

第四十八条 领荒各户无论生熟荒地,一户至多以一号(六方)为限,不准包揽大段,承领之际,应具妥保,倘查有冒领及一户捏写数名情事,除将已领之地没收充公外,保人领户均应酌议惩处。

第四十九条 领荒各户须用真实姓名,倘用堂名即撤销永领权。

第五十条 领荒各户须确系中华民国国籍,并无盗押及暗借外资情事,倘查有以上情弊,保人有完全责任并将领地没收充公。

第五十一条 台壮等不准冒领生计,蒙汉人民不准冒充原垦,倘查有冒领冒充情事,除将已领之地没收充公外并应酌议惩处。

第五十二条 各项公共用地,一切价款概行免收,指拨之后不准任何私人自己占用。

第五十三条 经收各款由驻通东三省官银号代收,领荒各户先至本局声明承领某项地亩,并交妥保即由会计科核明应交款数,发给应交价款数目执据,领户持赴官银号照交款项,换领交款收据,再持赴本局换领地执据,以备日后换照,每晚由本局与官银号核兑双方登记以免错误。本局即据官银号收款收据为解款凭证,实款由该号代解。

第五十四条　本局所收荒地正价以五成解缴省库,以五成拨给达旗,至该旗应得荒价,由省政府指令官银号随时拨发该蒙王,倘因分款不均,自起纠葛,应由该蒙旗自行解决,本局不负责任。

第五十五条　领荒各户除交地价外,每号地交标桩费三元,照费一元,注册费一角,并按经收荒地正价加收二成,用充蒙汉局之经费。加收之经费分作十成,蒙局三成,本局七成,照费解归省库一半,其余一半分作十成,以七成归本局办公,三成拨归蒙旗。注册费全归本局办公,标桩费悉解省库。

第五十六条　所发大照由省政府印发,文字用蒙汉合璧,但以汉文为主,单册由本局印制全用汉文。

第五十七条　陵寝、庙宇暨公共用地等照均盖以不准私典盗卖字样,台壮生计、王公府第之拨地,以及普通领地各照,均盖以不准盗卖典押外国人字样。

第五十八条　经收各款均以现大洋为本位(国币),并应一次交足不得分期交纳。

第五十九条　各领户自交价领有执照之日起限五个月后赴局领照。

四、升科及建筑

第六十条　凡领生荒各户自拨段之日起,三年内开垦成熟,城镇乡基三年内一律建筑完竣,违反规定者即将各地撤回另放,所交各款没收充公。

第六十一条　凡承领熟地各户,统限当年起科承领,城镇乡基及生荒各户统限自指拨之日起至第四年一律起科。

五、附则

第六十二条　本局在未收各款以前,所需经费由省库预借俟,有收入即为归垫。

第六十三条　本章程如有未尽事宜,得呈请省政府修改之。

第六十四条　本章程自呈准公布之日施行。

中华民国十九年三月二十日,辽宁省政府认识到实施《辽北荒务局测放蒙荒章程》过程中可能会出现问题,于是又制定了《核议解释放荒大纲决定办法》。

《核议解释放荒大纲决定办法》影印件：

《核议解释放荒大纲决定办法》原文：

核议解释放荒大纲决定办法

开列于左

计开

一、原垦户优先权

办法：

（一）在王公安垦局领垦，交过押租，确有凭据，现在仍继续租种，领有犁杖票者。

（二）原主自行开垦者。

（三）原主虽非自垦，对于所招之垦户，曾给予相当利益，为创垦之代价者，如免租若干年之例。但原主自留六成外，所招之垦户，得照犁票交租，地数四成报领。

以上有优先权。

（一）私立白契，经先大元帅派员撤销，或应缴销而未缴销，并已他徙者。

（二）仅有现年犁杖票，足资证明有佃户资格，不能证明系原垦户者。

（三）私自创垦偷种，并无交租凭证者。

以上无优先权。

此外在荒界之某处，继续居住五年以上之垦户，已经盖房凿井，且所持之犁杖票，并非现年者，除为原主留七成外，得按所垦之地三成报领。

二、台壮生计地办法

照东夹荒办法，台吉每户一方，壮丁每户半方，其壮丁每户人口在十口以上者，并得加倍给予，先行宣布。但现在台壮户数，未经查明，无凭确定，应向蒙旗调阅册档，再按照放荒大纲第五条之规定办理。

三、荒界办法

西夹荒之西界及辽北荒之东界，均至司令长官自留之牧场为止，达旗留界在王府附近，照一千方拨留，所余达旗界内之地，均行交局丈放。

四、两荒价格办法

俟各该荒局到段，斟酌情形后，再行分别核定。

五、公家提成办法

查照成案各半分劈。

六、测量办法

大段及割方，及剔除砂碱废地均用测量法，每方界至，用封堆分别等则，由荒务局派员随同测量队即时办理。挖立封堆之经费，测量队漏未预算，应准追加。测量队有事时，可以随时向务荒局接洽，或直接向政府请示。测量时如发生障碍，应由局进行协助处理。

七、查户办法

并入第二项办理。

八、留界办法

查照历办成案,作为留地标准,荒务局于到段查户时,斟酌情形,专案呈请核定。

九、领段办法

荒界既定即由蒙局派员领段。

中华民国十九年三月二十日

中华民国十九年六月十五日,丈放东西夹荒事务局总办刘效琨在具体实施放荒过程中,发现达尔罕王旗原来编制的户口册与现实户口人数有出入,认为使用各村屯当年收取村民摊派费用的花名册更为实用,于是将达尔罕王旗原编制户口册不适调查之用等情形向辽宁省政府作了呈报。

中华民国十九年六月十五日,丈放东西夹荒事务局总办刘效琨向辽宁省政府呈文影印件:

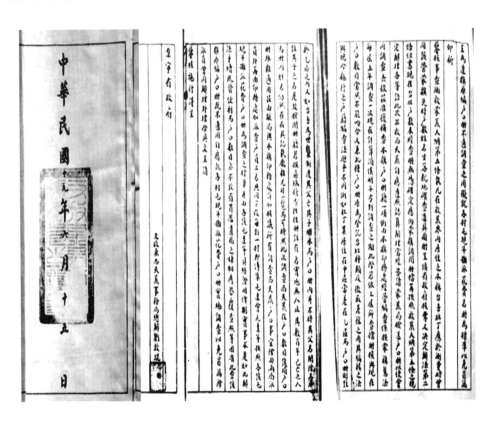

中华民国十九年六月十五日，丈放东西夹荒事务局总办刘效琨向辽宁省政府呈文原文：

呈为达旗原编户口册不适调查之用拟就各村屯现年摊派花费名册为以免冒漏

仰祈

鉴核事查测放蒙荒大纲第五条载，凡在放荒界内居住之本旗台吉、壮丁，应于测量时，会同该管蒙旗，先将户数、姓名、座落就地确查，造具图册，呈候省政府核夺，又决定办法第二条，但书现在台壮户数未经查明，无凭确定，应向蒙旗调阅册档，再按照放荒大纲第五条之规定办理各等语。此次出放西夹荒，自应遵照，认真办理。当经咨请蒙荒局，检送户口册，以便会同调查。去后兹准复称，查本旗户口册籍一项，例由本旗印务处经营编查，系按蒙旗旧法，每届五年调查一次，现在计算须矣明年方到调查之期。此际，若依上届所查档册核与现在户口数目，当然不能吻合，又兼此种户口册原为登记台壮种类及征取差徭之用，其编辑之法与现今施行之户籍编查法迥乎不同。例如壮丁某居住在甲区，当差在乙区，而户口册则注于乙区之内。又如台吉为世袭制度，其父亡其子继承，而户口册内并不将其父名开除又添注其子之名，是故检阅册籍若按区域稽查，往往册注有名实地无人。且其数百年已亡之人，而册内姓名依然存在，其记载庞杂尤非一览而可了然。此次调查西夹荒段内户口数目，该项户口册殊难适用。兹由敝局与本旗印务处详加核议，所有调查西夹荒户口事宜，除由两局派员外，再由印务处加派查户员二名，共同下段，每到一村即传集屯达会元达等，按照各该屯现年摊派花费户口册为调查之标准，并由各该屯达等具结证明，俾期实事求是，如此办法，手续既资便利，而户口数目亦不致有冒滥遗漏之嫌，相应咨复查照等因，准此查该旗原编户口册既不适用，自应就各村屯现年摊派花费户口册，实地调查，以免冒漏。除派员会同办理外，理合具文呈请。

鉴核施行。

谨呈辽宁省政府

丈放东西夹荒事务局总办　刘效琨
中华民国十九年六月十五日

在出放西夹荒时,达尔罕王旗各领主在土地领有权和放荒得价上出现分歧,达尔罕亲王那木济勒色楞针对出放西夹、辽北荒及荒价分劈等问题向辽宁省政府说明情况,以求得到解决。

达尔罕亲王那木济勒色楞针对出放西夹、辽北荒及荒价分劈等问题向辽宁省政府的呈文影印件:

达尔罕亲王那木济勒色楞针对出放西夹、辽北荒及荒价分劈等问题向辽宁省政府的呈文原文：

（节略）

查本旗王公共为七家，计敝爵与温都尔王、卓哩克图王、杨贝子、济贝子、尼玛公、道力吉公，是本旗所有土地原为共有性质，某处系某王公所有向未划分界址。各王公中有因负债过巨无法偿还，不得已出放荒地，得价抵债者，如出放巴林爱新荒地为卓王还债，即其例也。敝爵为札萨克掌管全旗一切政务，当时因不忍坐视卓王被债逼累，乃商同各王公出具印文，咨请省署出放巴林爱新荒地，得价为之还债，时在民国元年。

此次，省政府提议出放西夹、辽北两段蒙荒，敝爵援照历次放荒成案，咨请省政府照准组设蒙荒局，系行使札萨克职权，处置原无不当。乃卓王年幼无知，内受群小之包围，外受流氓之蛊惑。因该王府邸在辽北荒段之内，遂以辽北荒系其私有之产。省府出放应向渠接洽，由渠主持，不能受达王处分等情向贵府渎陈。查札萨克管辖全旗，省政府遇事与札萨克接洽向章如此。该王系闲散王公之一，有何意见可呈由札萨克转请，照例无直接省府之资格。省政府前接该王之函，当即驳复。该王不知悔悟，仍一味狡展实足，见其不明事体，无理取闹耳至。谓荒段内有其府邸，此荒即其私产，然则敝爵及尼玛公、道力吉公之府邸亦均在辽北荒段之内，究竟认为谁之私产耶。以理论之，本旗全境之荒为本旗七家蒙王公之公有，放荒得价自应七家王公均分。从前放荒，敝爵以札萨克与本爵资格应得十分之六，各王应得十分之四，历经办理有案。该王既曾以巴林爱新之荒价偿还私债，敝爵与其他王公均未曾分得价款，且巴林爱新荒段甚大，以本旗全境土地计，已超过七分之一，数外是该王于其所应享之权利，已经预享，并复多享。此次出荒该王实不应再分荒价。敝爵念其年幼，仍允与其他王公一例照分，其他王公亦无异词，是敝爵与其他王公，对于该王可谓仁至义尽。乃该王昧却良心，复欲据为己有，独得荒价。敝爵纵然不争，其他王公岂能任彼独吞，不置一词。敝爵又派该王管下之印军特某为辽北蒙荒局帮办，原为局务公开息事宁人起见，该王又以特某向来服从敝爵为词，不肯承认，并声言非另派某某不可。所谓某某者即助纣为虐之宵小，敝爵虽愚亦何能畀此等人以事权乎，且该王有何意见，彼此同族，何妨当面谈商。乃始终不见敝爵一面，亦不与敝爵直接通一字纸，一味砌词耸听，向贵政府扰渎揣其意旨，无非谓贵政府不知其中详情，万一受其欺骗，一为主持敝爵自无抵抗之能力，是啻假。

贵政府以抑制，敝爵也幸贵政府主持公道，且于敝旗事件了如指掌，其技虽巧，终未得售。该王咨复造作谣言，谓省政府已允其设立专局出放辽北之荒，予以低价出卖荒地。乡愚无知，贪图小利，闻竟有受其欺骗者。查天惠地局经该王私放荒地，省政府委辽北荒务局查办，迄尚未能清结。兹辽北之荒段倘又任其诈卖，纠纷愈大，收拾愈难，荒务前途影响殊非浅鲜，已密令敝旗荒务局查访遏止。

省政府似亦应加注意，兹值贵主席莅任伊始，对于此案真相或有不尽了解之处，援具节略缕晰以陈伏维

鉴察是幸

札萨克达尔罕亲王那木济勒色楞谨具

中华民国十九年

中华民国十九年，辽宁省丈放东西夹荒事务局拟定了西夹荒段内土地价格表和西夹荒段内村基价格表，总办刘效琨呈文向辽宁省政府上报。该呈文影印件如下：

呈為[illegible]
鑒核事竊查西夾荒第一期測竣之二十井荒地業經另文呈請出放在
於規定荒價曾由職局與蒙荒局一再會商終以地方頻年歉收金融奇窘比
較出放東夾荒時勢迥不相同且彼時係奉票法價此係征收現洋如定價過
昂領戶難期踴躍是以考諸已往證以現在並為避免[illegible]奇零不盡數目
擬定上則熟地每方現大洋一千一百七十元生荒每方七百六十五元中則熟
地每方現大洋七百六十五元生荒每方五百八十五元下則熟地每方現大洋
五百八十二元五角生荒每方一百八十元減則熟地每方現大洋一百八十元
生荒每方九十元所有附收之經塑冊照護照等費均在荒價以外至出放村
基查東夾荒原案係不分等則僅按號數收價此種辦法[illegible]
土質肥沃人民殷[illegible]處土質磽薄則戶數零落倘若仍舊不分優劣現定之一
[illegible]
經變原住民戶計擬將村基按照各地等則分別規定即上則村基每畝定為
現大洋四十元中則村基每畝現大洋三十元下則村基每畝現大洋二十元
減則村基每畝現大洋十元此外經塑冊照等費仍應隨價附收如此分等
收價人民量力報領庶可安居不移於荒務前途裨益匪鮮所有擬定荒價
緣由理合列表呈請
鑒核示遵謹呈
遼寧省政府
計呈送西夾荒荒價及村基價格表二份
丈放東西夾荒事務局總辦劉效琨

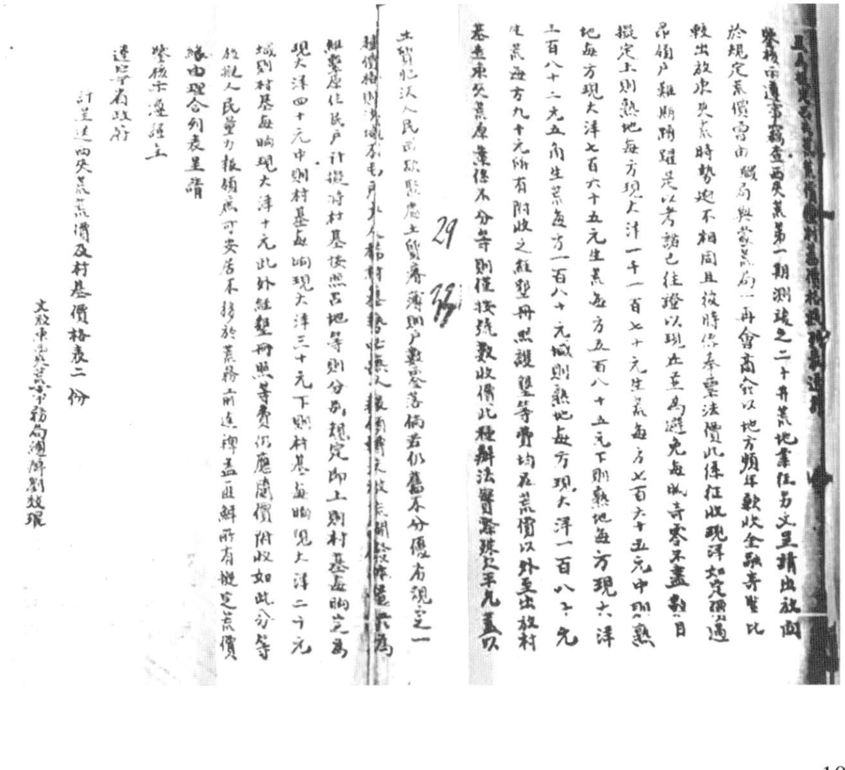

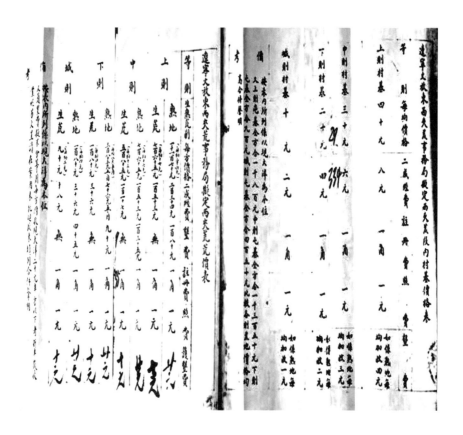

该呈文原文:

　　鉴核示遵事,窃查西夹荒第一期测竣之二十井荒地,业经另文呈请。出放面与规定荒价曾由职局与蒙荒局一再会商,佥以地方频年歉收,金融奇紧,比较出放东夹荒时势迥不相同,且彼时系奉票法价,此系征收现洋。如定价过昂,领户难期踊跃。是以考诸以往证以现在,并为避免每垧奇零不尽。数目拟定,上则熟地每方现大洋一千一百七十元,生荒每方七百六十五元,中则熟地每方现大洋七百六十五元,生荒每方五百八十五元,下则熟地每方现大洋三百八十二元五角,生荒每方一百八十元,碱则熟地每方现大洋一百八十元,生荒每方九十元。所有附收之经垦册照,护垦等费均在荒价以外。至出放村基,查东夹荒原案系不分等,则仅按号数收价。此种办法实际,殊次年允尽。以土质肥沃人民成欲聚处,土质瘠薄则户数零落,倘若仍旧不分优劣,规定一种价格,则沙碱不毛,户少人稀村基,势必无人报领,转失放荒开拨□□,兹为维系原住户计。拟将村基按照占地等则分别规定,即上则村基每垧荒为现大洋四十元,中则村基每垧现大洋二十元,碱则村基每垧现大洋十元。此外经垦册照等费仍应随价附收,如此分等核拟,人民量力报领,庶可安居,不移于荒务前途。裨益匪鲜,所有拟定荒价缘由理合列表呈请。

　　鉴核示遵。

　　谨呈辽宁省政府

　　计呈送两夹荒价及村基价格表二份

丈放东西夹荒事务局总办刘效琨

项目	等则	上则		中则		下则		碱则	
辽宁丈放东西夹荒事务局拟定夹段内土地价格表	生熟荒别	熟地	生地	熟地	生地	熟地	生地	熟地	生地
	每方价格	一千一百七十元（每垧二十六元）	七百六十五元（每垧十七元）	七百六十五元（每垧十七元）	五百八十五元（每垧十三元）	三百八十二元（每垧八元五角）	一百八十元（每垧四元）	一百八十元（每垧四元）	九十元（每垧二元）
	二成经费	二百三十四元	一百五十二元	一百五十二元	一百一十七元	七十七元五角	三十六元	三十六元	十八元
	垦费	一百八十九元	无	一百三十五元	无	九十元	无	四十五元	无
	注册费	一角	一角	一角	一角	一角	一有	一角	一角
	照费	一元	一元	一元	一元	一元	一元	一元	一元
	护垦费	二十元	十元	二十元	十元	二十元	十元	二十元	十元
备考		按表内所列系以现大洋为本位。又上则屯基全方合一千八百元,中则屯基全方合一千三百五十元,下则屯基全方合九百元,城则屯基全方合四百五十元,比较各则荒地价格均高,合并声明。							

等则	上则村基	中则村基	下则村基	城则村基
辽宁丈放东西夹荒事务局拟定西夹荒段内村基价格表 — 每垧价格	四十九元	三十九元	二十九元	十元
二成经费	八元	六元	四元	二元
注册费	一角	一角	一角	一角
照费	一元	一元	一元	一元
垦费	如条熟地每垧加收四元	如条熟地每垧加收三元	如条熟地每垧加收二元	如条熟地每垧加收一元
备　考	按表内所列系以现大洋为本位。又护垦费拟不分等则，每方附收现大洋二十元，半方以下者折半征收，业经另文呈请在案，因未批延故未填列。合并声明。			

三　王公和蒙众的反垦斗争

　　"辽北荒"和"西夹荒"的开垦问题，关系到科尔沁左翼中旗的存亡，这已经是世人皆知的事情。而最有危机感的当然是旗里的蒙民，常驻省府的达尔罕王对这一问题也感到焦急，因为这是仅有两处的荒地，是旗内最后的未开垦地，于是请求辽宁省政府尽量给蒙民多留一些生计之地。而此时，因王公之间土地领有权纠纷问题引发的继续放荒，使得民众已经失去了对旗内王公的信赖，自谋"出路"，纷纷发动包括中层台吉和旗内官员参与的抗垦运动。

　　设立"辽北荒务局"的民国十八年初，东三省陆军测量局开始了"辽北荒"的土地丈量工作。在丈量土地时，东北陆军在所到之处大肆抢劫民众财物，与丈量"西夹荒"的情形完全一致。所以，测量工作没有想象的那么顺利。到民国十九年，自"河南河北荒"的北端开始的测量工作已经接近到新开河的南岸，将要越过新开河进入北部地区。此时，科尔沁左翼中旗的王公和蒙民们迫于生计考虑，请求辽宁省政府停止从新开河到北部牧区的开垦。

出放辽北荒，必然导致数以万计的蒙民失去赖以生存的土地，流离失所、背井离乡，也会使王公贵族的利益受到严重损失。蒙民强烈反对继续出放辽北荒的请求，台吉壮丁为守住自己领地的呼声，引起了王公贵族的重视。科尔沁左翼中旗达尔罕亲王，以达尔罕王旗札萨克的名义向辽宁省政府呈文，陈述了科尔沁左翼中旗的荒地已经七次丈放，所未出放之地只有西夹荒一段。每丈放一次，蒙民即迁徙一次。今又丈放西夹荒，蒙民实无地可迁。同时表明各请愿代表等"所称各节确属实情"，本旗札萨克亦为数万蒙民请命，"敢请俯赐矜全，准如该代表所请，将丈放西夹荒一案暂缓实行，则敝旗全体蒙民感戴仁施，实无既极"……

中华民国十八年三月十三日，科尔沁左翼中旗札萨克为数万蒙众请命，要求辽宁省政府收回成命停止放荒。该请命呈文影印件：

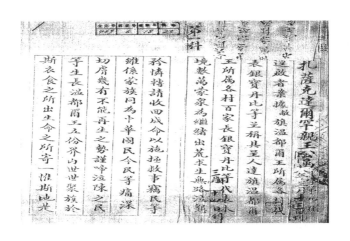

寬為無若痛令生萬洁繁計数已逾数
之面積以為大衆落錢西至九份旗界数十里
間墾以耕以稼興漢戶無補豫異若某軍
行出放是不需等此部蒙民生命之源
而使永無生存之望哀蒙民其何以塱
又况現在未央荒大放尚未復利室未及藥成敢
逐移來之民此地未及復利室未及藥成敢
嗷鴻雁正切哀鳴所謂蒙民之生活方生
恆民瘼而安邊境呼泣上陳無任迫切待
数萬蒙民生計特請省政府收回成命以

息長養之末邊偽若再令移遷無也丁
移繳曰有之而力有未逮持死溝登而
己惟有哀懇王命垂念此項地畝関係
次蒙民即遷従一次今又支放西央荒蒙
民實無地可遷従該代表等所稱各即確
命之至上等情據此查旗荒地已經七次
属實情敢扎薩克為数萬蒙民請命敢請

行敢扎薩克為蒙民生活計有不得已
於言者謹列数端尚希
責政府為興地利裕國課起見事在必
鑒警一界址方数應明白規定也查西夾
荒地段寬廣此次支放究像若干方数自
何處起至何處止應請勘測明白劃定
四至繪具圖舟然後按圖支放二台壮戶
地應實行留撥也查各荒段內台壮戶
丁均有已墾熟之地汗血放開生計所繫
故應次放荒成将撥留台壮戶地一事仍
定章程之內乃支放人員多将台壮等原
仁施實無既極偽
威戴
西央荒一葉暫緩實行則敢旗全體蒙民
備賜於全准如該代表等所請将支放
属實情敢扎薩克為数萬蒙民請命敢請
民實無地可遷従該代表等所稱各即確

員實行東公放給否則嚴懲不補寬貸
如此則原墾公放給否則嚴懲不補寬貸
示周知俾蒙家如儘先承領為其應亨
章准原墾蒙戶儘先備價承領惟須宣
之特權不再受人數弄一面嚴飭支放人
地可遷偽端前撥散萬蒙家未生無路
恐將激成事變此次支放應請仍照向
定無如支放人員每存歧視蒙家之心
不得爭又不敢持有其他荒段可以
遷事可難放為勒揹蒙民愚蠢故领
雖有原墾蒙民准其儘先承領之親
弁應實行放給也查應次放荒章程
為妥三原墾蒙戶應准其儘先承領
務應力矯前弊俾台壮等得活實惠放
地殊失國家體郵台壮之未盡此次支放
墾熟田另放與人而以他處生荒撥為戶
定章程之內乃支放人員多将台壮等原

如此則原墾蒙民不致向隅失業自然
緝惠荼無形矣四領價應從經規定包
攬大段應嚴行禁止也查荒價經康
原墾蒙戶勉力排凌高可承領價昂

力不能領勢必為豪富之家領去豪
家自食其力之人領價若昂此等民戶
邱蒙民之心蒙民不能實受其惠即以
漢戶論其領荒自墾者率皆勤懇成

大段直接予平民以利益之為愈也五
財之道何如取價取康并嚴禁包攬
平民生計設想今竞開接予富民以生
利此即所謂包攬大段國家放荒原為
富者一領數十百方展特免賣於中取

務一面由敕扎薩克另設蒙荒局一處
派會辦一員駐荒務局會同處理局

務一面由敕扎薩克另設蒙荒局一處
派會辦一員駐荒務局會同處理局
也查應次放荒章均准由敕旗扎薩克
應由敕扎薩克設立蒙荒局協同辦理
敕旗將來放旗可謂無一畝荒地矣為

凡間于蒙戶之事均由蒙荒局向荒
務勿接洽辦理此次文放事同一體仍
請众前辦理以資妥洽而進行六成
旗之地價提成應從優秘定杰歷
次放荒旗應得提成均事先明定

成數收價時由局分別撥解轉辦有
之六成者有之最近未夾荒出放卅為
五成放旗向龍政府主裁有此西夾荒
寨惟敕旗所屬境由祇有此西夾荒一
段今既文放旗可謂無一畝荒地矣為
敕旗將來放生討討此次地價提成不得
不希望補優以資補助如何之處仍請
卓裁以上六項為敕扎薩克管見所及
謹晰以陳用備

參改將來擬訂章程時光望
俯賜與敕扎薩克先行會商然後施

參改將來擬訂章程時光望
俯賜與敕扎薩克先行會商然後施
行俾臻妥洽而免福閣相應函請
查照辦理并希
見後實級公誼此致
遼寧省政府

中華民國　　年
三月二十一
日

该请命呈文原文：

札萨克达尔罕亲王公函，民国十八年三月十三日

迳启者，案据，敝旗温都尔王所属各村代表银宝、丹比等呈称，具呈人达旗温都尔王所属各村百家长银宝、丹比等，代表本境数万蒙众，为继绪出荒求生无路，泣恳矜怜，转请收回成命，以施拯救事。

窃民等虽系蒙古族，同为中华国民，今民等痛深切肤，几有不能再生之势，谨啼泣陈之。

民等生长温都尔王五份界内，世世聚族于斯，衣食之所出，生命之所寄一惟斯地是赖。温都尔王虽为五份首领，断不能夺人民衣食之业，听其冻馁饿殍。省政府亦不能仅视温都尔王之向背，而漠视数万众蒙民之生活于不顾不谓。近闻省政府有出放西夹荒之议，民等逖听之下，窃以省宪发挥民治，注重民生之德政久矣，有口皆碑，无庸赘烦。在于蒙民知识方开，正辅导长养之不足，宁肯稍加剥削，听其流离坠落，永无光明之望哉。初谓此议或属妄传，迨经详询，实系真情，神魂离体，惶悚莫名。查此地名谓夹荒乃客观之称。实为已垦熟之地，无荒可放。且本旗全境均可籍此名而包套。自清末至今，所有法、康、梨、怀、昌、辽、双、通等县，暨占道荒并夹荒等处，屡经出放。当时，蒙民不甚注意耕稼，每放荒一次，蒙民即迁并一次，□者人少地宽，尚无痛苦。今生齿浩繁，计数已逾数万，只余此四洮路线西至九份旗界，数十里之面积，以为大众生活之资。又率皆亲自开垦以耕以稼与汉户，无稍殊异。若果再行出放，是不啻夺此部蒙民生命之源，而使永无生存之望，哀哀蒙民其何以堪。又况现在东夹荒丈放尚未报竣，所有被逼移来之民，地未及获利、室未及筑成，嗷嗷鸿雁，正切哀鸣。所谓蒙民之生活方生息长养之未遑偟，若再令移迁，无地可移，纵曰有之而力有未逮，亦惟转死沟壑而已，惟有哀恳我王爷垂念。此项地亩关系数万蒙民生计，转请省政府收回成命，以恤民瘼安边境，啼泣上陈，无任迫切待命之至等情。据此，查敝旗荒地已经七次丈放，所未放者只有西夹荒一段。丈放一次，蒙民即迁徙一次。今又丈放西夹荒，蒙民实无地可迁。该代表等所称各节，确属实情。敝扎萨克为数万蒙民请命，敢请俯赐矜全，准如该代表等所请，将丈放西夹荒一案，暂缓实行，则敝旗全体蒙民感戴仁施，实无既极。倘贵政府为兴地利裕国课起见，事在必行，敝扎萨克为蒙民生活计，有不得已于言者，谨列数端，尚希鉴察。

一、界址方数应明白规定也。查西夹荒地段宽广，此次丈放究系若干方数，自何处起，至何处止，应请勘测明白，划定四至，绘具图册，然后按图

丈放。

二、台壮户地应实行留拨也。查各荒段内台吉、壮丁均有已垦熟之地，汗血攸关，生计所系，故历次放荒咸将拨留台壮户地一事，明定章程之内，乃丈放人员多将台壮等原垦熟田另放与人，而以他处生荒拨为户地，殊失国家体恤台壮之本意。此次丈放务应力矫前弊，俾台壮等得沾实惠为要。

三、原垦蒙户应准其尽先承领，并应实行放给也。查历次放荒章程，虽有原垦蒙民准其尽先承领之规定，无如丈放人员每存歧视蒙民之心，遇事刁难，故为勒掯蒙民愚蠢，欲领不得，争又不敢惟恃，有其他荒段可以迁居，故皆隐忍不言相率而去。今则无地可迁，倘蹈前辙，数万蒙众，求生无路，恐将激成事变。此次丈放应请仍照向章，准原垦蒙户尽先备价承领，惟须宣示周知，俾蒙众知尽先承领，为其应享之特权，不再受人欺弄。一面严饬丈放人员，实行秉公放给，否则严惩不稍宽贷。如此则原垦蒙民不致向隅失业，自然弭患于无形矣。

四、领价应从轻规定包揽大段应严行禁止也。查荒价轻廉原垦蒙户勉力拼凑，尚可承领。价昂则力有不逮，欲领不得。是国家虽有体恤蒙民之心，蒙民不能实受其惠。即以汉户论其领荒自垦者率皆勤恳成家，自食其力之人。领价若昂，此等民户力不能领，势必为豪富之家领去，豪富者一领数十百方，辗转兑卖于中取利(此即所谓包揽大段)。国家放荒原为平民生计，设想，今竟间接予富民以生财之道，何如取价取廉，并严禁包揽大段，直接予平民以利益之为愈也。

五、丈放事务应由敝札萨克派员会办，并应由敝札萨克设立蒙荒局协同办理也。查历次放荒成案，均准由敝札萨克派会办一员，驻荒务局会同处理局务。一面由敝札萨克另设蒙荒局一处，凡关于蒙户之事，均由蒙荒局向荒务局接洽办理。此次丈放事同一体，仍请如前办理，以资妥洽，而利进行。

六、敝旗之地价提成应从优明定也。查历次放荒敝旗应得提成均事先明定成数，收价时由局分别拨解，历办有案。至于成数若干原无一定，四成者有之、六成者有之，最近东夹荒出放则为五成。敝旗向听政府主裁，未尝计较多寡。惟敝旗所属境内只有此西夹荒一段，今既丈放，敝旗可谓无一亩荒地矣。为敝旗将来生计，计此次地价提成，不得不希望稍优，以资补助如何之处，仍请卓裁。

以上六项为敝札萨克管见，所及缕晰以陈用备。

参考将来拟定章程时尤望

俯赐予敝札萨克先行会商，然后施行。俾臻妥洽而免隔阂，相应函请查照办理，并希见后实纫公谊。

此致

辽宁省政府

中华民国十八年三月十一日

中华民国十八年四月十二日，哲里木盟副盟长、科尔沁札萨克和硕达尔罕亲王旗、旗务协理辅国公松永伟鲁布、协理特克什巴牙尔等向辽宁省政府主席呈文，陈述历次出荒造成蒙民流离迁移之苦，提出如继续丈放西夹荒将使数万蒙众再次遭受失地、流离，台壮数万人口生计垂绝，困苦流离，惨状难言，实不堪再度放荒，要求政府停止丈放，给蒙民留下一隙生计之地。

中华民国十八年四月十二日，哲里木盟副盟长、科尔沁札萨克和硕达尔罕亲王旗、旗务协理辅国公松永伟鲁布、协理特克什巴牙尔等呈文影印件：

哲里木盟副盟長科爾沁札薩克和碩達爾罕親王旗旗務協理輔國公松永
偉魯布協理特克什巴牙爾等為咨呈事案查舊歷十七年臘月
承准
貴省政府照會内開案查東夾荒蒙地早經設局丈放所有與該荒接連
之西夾荒及其他毗連餘荒號稱沃壤現值鉄路交通漢蒙雜處地方
日漸發達祇以未經丈放各旗招戶墾闢往往糾葛致成訟累為各旗計亦
應及早清理相應照會查照見覆等因承准此當經敝旗轉咨幫辦盟務
和碩溫都力親王查照去後旋於本年舊歷二月閏准該親王函復稱接准
大咨以轉奉省政府照會擬放西夾荒一案照抄原文咨行查照等因敝
王查本旗自前清道光年間以至現在所有旗屬東南一帶暨敝王所屬

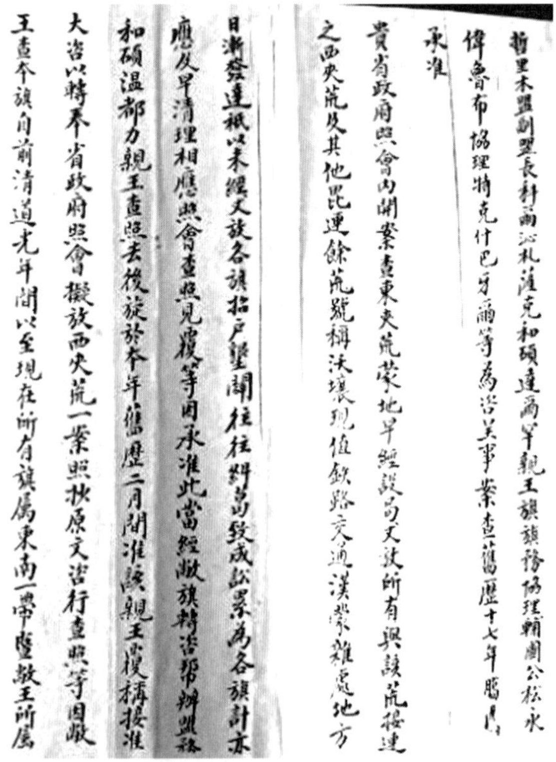

如榮懷連康濟法等縣及站道荒等各處荒殿均已次第大放影響

所發旗地既減旗民生計極感困難所餘未放祇有沙漠水減之地一般失

業台壯窮感與歸祗得紮居其間苟延殘喘將站道荒墾

寬十餘里長一百來里之荒地名曰東央荒就行大放並將接連南界之地

放一百餘里致將台壯等人經居佳戶戶最稱殷伯身已上剛虎他巴虎伯身已土剛虎

他本格爾濃濃各古撥結等十數村屯房舍田廬恙行包圍大放台壯等

至此乃生計無著完全失業乃與宋何在鐵道西方覓得一見蔭地綹

苦於地狹人稠密綹至簡目財庫更安有恢復之望加以本王所屬

台壯戶口稠密令旗地除巳放以外所剩祗此十里之長區瀘蔭地台壯等

住其間不過懂足容身稍免流離乃不轉竟有好民覬覦名其地回西央

擬當荒地大放窗壹丙寅年之長春會議曾經紮旗公同表決各旗

荒不准大放如有閒地而由不願請放錮絕盡明核准然後始行等同呈

批准有案何壹再查頗現東連一帶台壯散萬人生機盡絕困苦流離

慘難言狀實不堪再度放荒重苦吾民應請旗署轉咨

省政府代為籲懇情念闔旗數萬紮民思准永免再行放荒以解倒

懸忿而示體恤復查興已放東央荒接連六十餘村之地困在連濟兩縣之間

故當稱謂西央荒其他各段荒地並與此項名稱相應咨西復覽副遊

請煩壹照紮瀨即將紮紮感受歷年苦況轉咨

省政府請求根據興旗會議將呈本

前擬入帥核准之原案乞將大放西央荒壹案分令撤銷永免大放事

留此一屯陳地俾方遠蒙民轉覓生活免致無所依歸而受流離徙穷之禍用副

司令長官保安吾民之至意威戴鴻仁萬世無既等因前來查誼僞劣地除巳經出放而外現祇剩有西央荒一段蒙民從前思受至今不過間尚有他處荒地可以遷移初非本令荒既放盖無處遷移寬不能再設法遣就該親王所耕各節俱屬實情相應備咨呈愿貴主席俯念蒙艱毛將丈欸西央荒一案准與該王所請即予取銷卅本旗蒙業衆永沐鴻仁感戴無既並希示覆是級公譏此咨呈

遼寧省政府主席

中華民國十八年四月十二日

中华民国十八年四月十二日,哲里木盟副盟长科尔沁札萨克和硕达尔罕亲王旗旗务协理辅国公松永伟鲁布呈文松永伟鲁布、协理特克什巴牙尔等原文:

哲里木盟副盟长科尔沁札萨克和硕达尔罕亲王旗旗务协理辅国公松永伟鲁布,协理特克什巴牙尔等为咨呈事,案查旧历十七年腊月承准。

贵省政府照会内开,案查东夹荒蒙地早经设局丈放,所有与该荒接连之西夹荒,及其他毗连余荒号称沃壤。现值铁路交通,汉蒙杂处地方日渐发达。只以未经丈放各旗招户垦开,往往纠葛致成讼累。为各旗计亦应及早清理,相应照会。查照见覆等因,承准此。

当经敝旗转咨帮办盟务和硕温都力亲王查照,去后旋与本年旧历二月间,准该亲王覆称接准大咨,以转奉省政府照会,拟放西夹荒一案,照抄原文咨行查照等因。

敝王查本旗自前清道光年间,以至现在所有旗属东西一带暨敝王所属,如梨、怀、辽、康、双、法等县及站道荒等各处荒段,均已次第丈放,影响所及,旗地既减,旗民生计极感困难。所余未放只有沙漠、水域之地。一般失业台壮、穷麋无归,只得聚居期间,苟延残喘。前者复将站道荒以更宽十余里,长一百来里之熟地,名曰东夹荒施行丈放,并将接连南界之地,延放一百余里,致将台壮等,久经居住户口最称殷繁他巴虎、伯彦巴土、卧虎他本、格尔浓浓、各古拉给等十数村屯房舍、田产,悉行包套丈放。台壮等至此乃生计无著,完全失业,乃无可奈何。在铁道西方觅得一片隙地,复苦于地狭人稠,容纳维艰,至旧日财产更安有恢复之望。加以本王所属台壮户口稠密,今旗地除已放以外,所剩只此十里之长区区隙地,台壮等住期间,不过仅足容身籍免流离。乃不谓竟有奸民觊觎,名其地曰西夹,拟当荒地丈放。窃查丙寅年冬,长春会议曾经蒙旗公投表决,各旗荒不准丈放,如有闲地而由本旗请放,须经查明核准,然后施行等因呈批准有案可查。再查旗境东边一带,台壮数万人口生机垂绝,困苦流离,惨难言状,实不堪再度放荒,重苦吾民,应请旗署转咨省政府,代为愿恳怜念闇旗数万蒙民恩准,永免再行放荒,以解□恳而示体恤。复查与已放东夹荒接连六十余村之地,因在辽、双两县之间,故当称谓西夹荒,其他各段荒地并无此项名称,相应咨覆贵副盟长,请烦查照,轸念蒙难,即将蒙众感受历年苦况转咨省政府,请求根据盟旗会议时呈奉。

前张大元帅核准之原案,乞将丈放西夹荒一案,分令撤销永免丈放,幸留此一片隙地,俾乃遗蒙民籍资生活,免致无所依归,而受流离饿殍之祸。用副司令长官保安吾民之至意,感戴鸿仁万世无既等因,前来查旗属荒地。除已经出放而外,现只剩有西夹荒一段,蒙民从前忍受至今,不过因尚有他处荒地可以迁移,初非本心。今荒既放尽无处迁移,实不能再设法迁就。

该亲王所称各节,俱属实情,相应备咨呈恳。

贵主席俯念蒙艰,乞将丈放西夹荒一案,准照该王所请即予取销,则本旗蒙众永沐鸿仁感戴无既,并希示覆是纫公谊。

此咨

呈辽宁省政府主席　翟

中华民国十八年四月十二日

中华民国十八年四月二十七日,丈放东西夹荒事务局秘书周之栋向辽宁省政府禀报西夹荒丈放情况呈文影印件:

中华民国十八年四月二十七日，丈放东西夹荒事务局秘书周之栋向辽宁省政府禀报西夹荒丈放情况呈文原文：

　　主席钧鉴，敬禀者，窃前禀谓丈放西夹荒良非易办之事，容有办法，亦未详尽，故复陈之。查西夹荒，虽隶属达旗扎萨克管辖，而实际确为温都尔王股份所享有，犹之乎，素封之家庭名义既属一家，大体上应归家主掌管，而产业上各有各股份应享之利权。即达旗蒙族中分配荒地，各有管理权之正比例也。夫达尔罕王旗，即科尔沁左翼中旗。前清初叶，封为世袭王公计七家，分为四大股：

——卓王与北山乌拉公为一股,俗称四份子;

——温都王独立为一股,俗称五份子;

——杨王与济王为一股,俗称七份子;

——达王与北山呢玛公为一股,俗称九份子。

今该旗扎萨克,系达王掌管(即俗称谓当家的人)。自有处理全旗内外公私一切事宜之权。惟对各该股份分配之荒产物业,须得各该股份之同意,方能处分。若不得各该股分之认可,虽达王允许,亦不能畅行无阻。况西夹荒,虽属温都王,而该旗全境荒地均已出放,所有该旗蒙众,多数聚集于西夹荒,而花霄衙门荒段内,人尚寥寥。在情势上观之,其反动力尚不仅温都王,恐蒙民亦将群起而反抗。(闻前有王某面陈,能商洽进行是妄言也。)大势所趋有必然者,若不妥筹完善办法,(其法须从民意入手)仅与达王婉商,或更直接与温都王磋商,恐目前无相当解决之可能。如此说来,不几酿成僵局乎! 敢断言曰,绝不致竟走极端。盖达旗王公脑筋中,从未灌输新知识,毋庸讳言。惟蒙员中如韩色旺者(即韩瑞亭),为达旗之翘楚,雅有大同世界之新思想。其次为刘仲举(此人为达王福晋信任)。再为包寿山(此人为温都王部属),较有知识,不致顽固难化。之数人者,之栋与接洽办事二年有余,深悉其人,在该旗甚占势力,亦颇明道理,彼此尤极相得。对于西夹荒,如何能进行,如何克无碍,曾有的确表示。但须经过种种周章,方能达到目的。前禀未能具体入告者,因韩色旺在长春会议未回,真相无从探悉。顷始晤谈,尽得梗概,故敢迳陈。但此段荒与花霄衙门荒段(闻该荒段问题,较西夹荒尚难也),如完全由钧坐主政,请即毅然任之,定有充分把握。俗语云"车到山前必有路",此之谓也。设由总司令裁处,可否将以上各端节陈之处,惟请卓裁。之栋渥蒙知遇,义难缄默,故不避冒渎,谨肃禀陈,伏维采纳。虔敬钧安。如允面陈,再详述一切。维乞垂察。

丈放东西夹荒事务局秘书周之栋禀

中华民国十八年四月二十七日

中华民国十九年四月十一日,以协理台吉特木伊巴雅尔为首的六名有影响力的台吉们,也通过札萨克公署向辽宁省政府提出,反对出放西夹荒,要求政府给蒙众留下生计地的请求。札萨克公署转呈台吉们的请愿书信中,垦转请省府,令饬辽北荒务局,停止测放拨西夹荒,给本旗,作为蒙众牧畜之场,而示体恤重民生。

然而,省政府继续开放西夹荒的态度非常坚决,中华民国十九年五月七日由第四股股长王伟烈行文,就札萨克公署转呈台吉们的请愿给予"断无变更之理"的回复,并要求温都尔亲王"就近切实开导以慰群情"。

中华民国十九年四月十一日,札萨克公署转呈温都尔王针对出放蒙荒,导致蒙民生计至绝境的呈文和五月七日辽宁省政府的批示影印件:

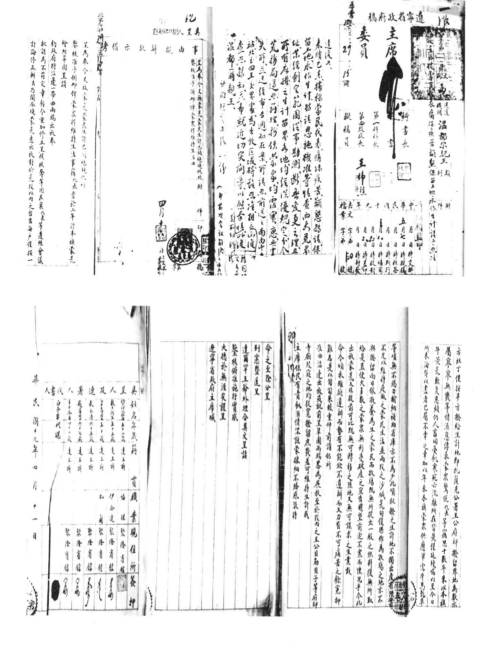

中华民国十九年四月十一日,札萨克公署转呈温都尔王针对出放蒙荒导致蒙民生计至绝境的呈文原文:

事由:

呈为奉令丈放蒙荒蒙民生计已濒绝境伏祈,鉴核准予,俯恤俾蒙众得维持生活由

具呈人:特木伊巴雅尔,敖日阿嘎,□□□□,敖木诗,赵□□,吉日木□

呈为奉令丈放蒙荒蒙民生计已濒绝境伏祈

鉴核准予俯恤俾蒙众得维持生活事,窃代表曾于上年将本旗蒙荒绘附草图呈请

钧政府将沿边一带由两端出放,奉批认为不符定章。饬令重加修正,呈候核夺等因在案,代表等遵。经会议讨论修正办法,乃开全境蒙荒。悉出放对于荒段以内之台吉每户仅按一方、壮丁仅按半方拨给生计地,即札萨克公署王公府邸,拨留地为数亦属寥寥无几等情。消息传来蒙众惊慌,代表等窃思,十数年以来,本旗年景荒歉灾患频,仍人畜同受饥寒,死亡流离所在皆是,仅延残喘,以至今日所未沦胥以尽者,已属不幸之幸。加以年来,本旗蒙众供应军需,牛马干草等项,无不竭力轮纳补助,省库亦不为少。此项批拨之生计地,不独出产有限,实不足以维持疲敝之蒙民生活,并两段之沙域荒甸,仅堪作为牧场之地,亦不与拨留向日依牧养为生之蒙民,而牧场既无所从,出一般之燃料,复无所取给是直使大多数之蒙众,无形受破产之宣告,瞻望前途不寒而栗。况乎今此命令颁来,虽欲遵办,而势有不能欲不遵办,而又力有不可,痛苦之余,冤抑难名,是以匍匐来辕重伸前请,仍祈。

准由沿边出放或就前呈草图两端略为展放,至于段内之王公、贝勒、贝子等府邸、寺庙、陵寝之地,均从宽拨留,庶几差可维持生计。

我主席保民有责,饥溺情深,谅蒙采纳,不胜感激,待命之至,除分呈到宪暨迳呈达尔罕王爷外,理合具呈请,鉴核俯准,施行实威大德于无涯矣。

谨呈辽宁省政府主席臧

	姓　　名	年岁	籍贯	职业	现住址	签名
具呈人及连署人	特木伊巴雅尔	五十二	达王旗	协理	聚隆宾馆	
	敖日阿嘎	五十五	达王旗	伊合达	聚隆宾馆	
	□□□□	五十	达王旗	扎兰	聚隆宾馆	
	敖木诗	六十五	达王旗		聚隆宾馆	
	赵□□	六十七	达王旗		聚隆宾馆	
	吉日木□	四十六	达王旗		聚隆宾馆	
代书人	白□□					

中华民国十九年四月十一日

中华民国十九年五月七日,辽宁省政府对温都尔王呈文批示原文:

辽宁省政府
批示:迳复此

来牍已悉,据称蒙民代表痛陈疾苦,吁恳转请,保留土地,永作生计,特请恩施核准等情。查西夹荒界址,业经划定范围,从事勘测、断无变更之理。且所有应拨之生计留界,各地均经从优规定。分令荒务局遵照办理,务使蒙众均沾实惠,无需失所,并送经布告周知在案。所请照前送之南由丰库站,北至四王交界处,为出放区域,碍虽照准,相应□□□□□□函复,查照转知,并希就近切实开导,以慰群情荒所切盼。

此复温都尔亲王

中华民国十九年四月十八日,哲里木盟帮办总务温都尔亲王阳仓札布,根据蒙民代表的意愿,以全属蒙民公推代表,痛陈疾苦,恳请辽宁省政府"恩施怜恤,保留土地永作生计"为由,向辽宁省政府呈文。该呈文影印件:

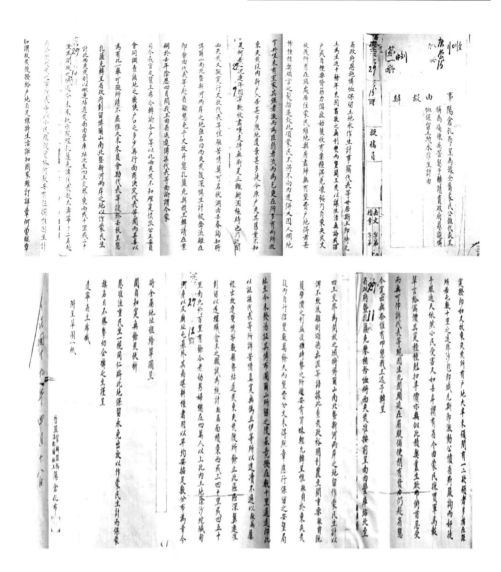

该呈文原文：

事由：

阳仓札布呈为据全属蒙民公推代表呈称,为痛陈疾苦恳于转请贵政府恩施怜恤,保留土地,永作生计由

省政府恩施怜恤,保留土地永作生计事,窃代表等世居斯土,即持此土为生。近十余年来,因畜牧之无到变而垦,闻王贵以谋生活,无论或招户或自种,要皆筋力俱疲,始获收有粟粮,得免冻馁。乃自东夹荒丈放后,

所有在该处居住蒙民，维地与房尽归无。有垦户地得者甚稀，种种弊端，言之发指，逼致此项，蒙民不得不向内迁并。又因人稠地窄，共嗟未有室家。其强者激而为匪，弱者流而为乞，更在所多有而所放东夹荒段内，新户人居甚少，熟地遗弃甚多，徒令原户失其旧业不知是何居心。况连年因旱歉收，尽叹支持无术，是正辙鲋涸极时也。乃近闻西夹荒又拟寔行丈放，代表等惶骇苦情，莫可名状。溯由去春询知，将博尔山南北暨新河两岸之地，强名曰西夹荒后，深惧生计被夺。流离在即，曾由代表等赴省愿恳，免于丈放，并恳札萨克与我王转请在案。嗣于今年阴历四月间，我王由省返辽传集代表等面谕。

谓今蒙司令长官及翟主席令，转谕各户等，以此西夹荒不知确寔，候派公正委员会同调查，该地之广狭、户口之多少，再行面商决定。代表等闻尔甚喜，以为有此一举可□所请，不虚惟久，未来员会勘。代表等复于去秋呈恳札萨克转呈省政府划留博尔山南北暨新河两岸之地，以作蒙民生计，此西夹荒则以毗连站道荒，南由丰库站北至四王交界，东西或十里或二十里为开放之域，迄今未承批示。现经札萨克传代表敖木涛、宁卜二名赴省谕商放荒之事，代表等以小民服从资格何敢妄有阻拦，惟因生计如谓，放荒后拨给户地自足，维持生活。讵知国家虽订详章，何曾照章寔拨，即如丈放东夹荒，所有户地大半未领，间有一二欲领者，多指在距所居屯数十里之遥，非沙包即域片斯即激动公愤，省政府严询，而奸徒手眼通天，依然小民受害。又如去年，谓有省令，由蒙民采买军马谷草，言给满价。其寔种种克扣，半价亦无。似此积弊丛生欲□，俯首忍受，而无可仰诉，代表等现因生死关头迫在眉睫，倘使稍有赀力仍赴省恳。今寔出无奈，惟有叩恳我王迅予转呈。

省政府暨札萨克鉴核矜恤，将西夹荒准按前呈南由丰库站，北至四王交界为开放之域，将博尔山南北暨新河两岸之地，留作蒙民生计，以俾不致流离，则颂德无涯等语。据此，查荒政裕国利农至关重要。敝爵既获劈价之利益，复得时势之所趋，安恳冒昧轻允，转呈。惟敝爵于东夹荒段内自行招垦，数万余天而垦费分文未得。照章应行保留之安垦局址，至今未发凭证。其博布图尔山所留之陵基，竟拨在数十里遥远。即此以证，该代表等所诉苦情，真寔无伪，且伊等所以迭渎，不过以敝属屡经出放辽、双、怀、梨数县暨站道荒、东西夹荒后所余止，此区区深冀邀准划留，以遂蝼蚁贪生之愿。试为统计敝属面积，东西或三四十里或四五十里，南北约百里有余，合老幼男妇总在四万人以上。此内土地除沙坨碱甸，河身以及庙址屯基外，其尚堪耕种者，用以平均安插足敷分布为幸，今将全属地址粗绘草图呈。

　　阅自知寔无余荒。伏祈恩准,注重民生,一视同仁。将此地保留永免
出放,以作蒙民生计而保蒙旗名目,不胜挚切企祷之至。

　　谨呈辽宁省主席臧

　　附呈草图一纸

哲盟帮办总务温都尔亲王　　阳仓札布

中华民国十九年四月十八日

　　达尔罕王旗的亲王、有名望的台吉和蒙众,反对继续出放东西夹荒的请愿并没
有阻止辽宁省政府继续出荒的步伐,反而加快了丈放的进度。

　　辽宁省政府不顾辽北荒、西夹荒数众蒙民的利益,加上韩色旺、刘仲举之流在
省里奔走密谋,为促使西夹荒早日丈放"效尽其劳",以便从中渔利。尽管经过蒙民
多次请愿、王公贵族的咨呈和班禅额尔德尼写信给省主席,以及抗垦活动不断等,
辽宁省政府均未予重视,一意孤行地继续出荒放垦。中华民国十九年五月,丈放东
西夹荒事务局贴出了两份由省政府授意的布告,即《辽宁省辽北荒务局、达旗丈放
辽北荒事务局布告(第五号)》和《辽宁省辽北荒务局布告(第六号)》。

　　中华民国十九年五月,丈放东西夹荒事务局贴出的《辽宁省辽北荒务局、达旗
丈放辽北荒事务局布告(第五号)》影印件:

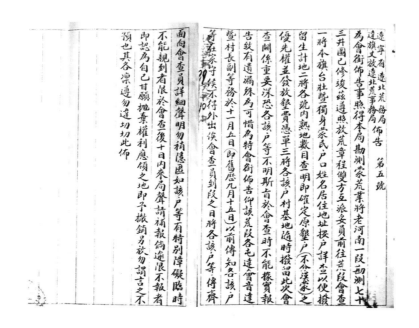

中华民国十九年五月,丈放东西夹荒事务局贴《辽宁省辽北荒务局、达旗丈放辽北荒事务局布告(第五号)》原文:

辽宁省辽北荒务局、达旗丈放辽北荒事务局布告第五号

为会衔布告事,照得本局勘测蒙荒,业将老河南一段勘测七十三井,图已修竣。兹遵照放荒章程,双方互派委员前往荒段会查。

一、将本旗台壮暨独身蒙民户口、姓名、居住地址、按户详查,以便拨留生计地。

二、将各号内熟地数目查明,即确定原垦户(不分汉蒙)之优先权,并发放垦费凭单。

三、将各该户村基地随时拨留。

此次会查关系重要,深恐各该户等,不明斯旨,于会查时不能据实报告,致使遗漏,殊为可惜。为特会衔布告,仰该荒段各屯达、会音达暨村长、副等,务于十一月五日(即旧历九月十五日)以前,传知各该户等,在家守候,不得外出,俟会查员到段之日,将各该户等传齐,面向会查员详细声明,勿稍隐匿。如该户有特殊障碍,临时不能亲到者,限于会查后十日内,来局声请补报。倘逾期不报者,即认为自己甘愿抛弃权利,应领之地即予撤销另放,勿谓言之不予也。其各凛遵勿违,切切此布。

《辽宁省辽北荒务局布告(第六号)》影印件:

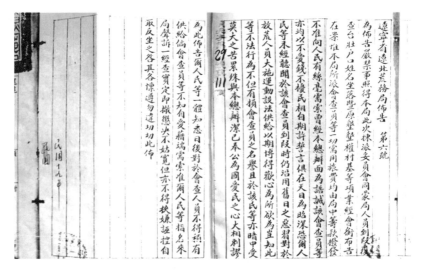

《辽宁省辽北荒务局布告(第六号)》原文:

辽宁省辽北荒务局布告第六号

为布告严禁事,照得本局,此次拣派委员会同蒙局人员,到段覆查台壮、户口、姓名、座落暨原垦垦权、村基等项,业经会衔布告在案。惟本局所派会查员等,一切需用旅费,均由本局中筹款拨发,不准向人民有丝毫需索。曾经本总办面为告诫。该会查员等,亦均以不爱钱、不扰民,相自期许,誓言俱在,天日为昭。深恐尔人民等,未经听闻。于该拿查员到段时,仍沿用旧日之恶习,对于放荒人员,大施运动,设法供给,以期博得欢心,为所欲为。讵知此等不法行为,不但有损会查员之名誉,且于该民等亦暗中受莫大之苦累,殊与本总办洁己奉公,为国爱民之心,大相刺谬。为此布告尔人民等,一体知悉。日后对于会查人员,不得稍有供给。倘会查员等不知自爱,籍端需索准尔人民等指名来局声诉。一经查实,定即撤惩,决不姑宽。但亦不得挟嫌诬控,自取反坐之咎,其各懔遵勿违,切切此布。

两份布告发出后,丈放东西荒事务局加快了辽北荒、西夹荒的丈放进度,并决定实施新的测量办法。

中华民国十九年四月八日,丈放东西夹荒事务局总办刘效琨呈文,向辽宁省政府报告了新的测量办法。该呈文影印件如下:

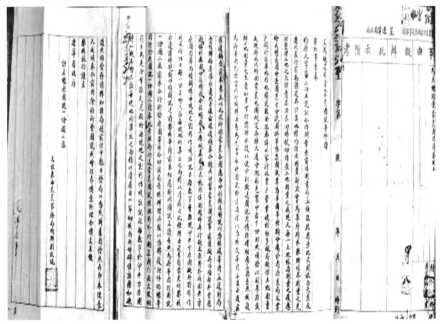

该呈文原文：

事由：

为呈缴测量蒙荒图说鉴核由

呈为缴还测量蒙荒图说等件请鉴核事案奉

钧府元字第二四五号训令，内开案查前准测量局函称，敬启者查，此次开放西夹荒及辽北荒，所有勘疆定界计算地积，匀采用测量新法。实为尊府将来举办径界测量之先河，整理土地之大计。意美法良，洵堪钦仰。惟查土地测量之成规，凡每一土地经过测量之后，应绘成总区图、分区图、荒方分号图、换单凭票图、执业凭单图等种类，分属于省府荒局及业户。关于区界地形、地积、号数登记綦详，公家行政，业户管业便利极多。敝局拟仿土地测量成规，将此次所测蒙荒地图，规定各种尺度，分配色彩制印若干份，附照颁发。以副尊府试办土地测量之至意，如果可行，请即示后，以便分别拟送图记用备采择，相应函请查照。核复为荷等因，到府当以所拟办法甚为允当，希将图说检送过府，以凭核复等因，函复去后，兹准复称，查前奉尊函，以此次所测蒙荒各图，应即分别拟送图说，以凭核复等因，函复到局。当经转饬房队长遵照去复，兹据复称，奉今拟具印制蒙荒图说事。兹谨拟具四项，即井方原图、镇村基图、分段总图、全段总图、至县城基图，尚未施测，俟测竣时，再行拟呈。在野外所测井方原图，因算面积，关系每块地之割形作线注记、距离、数字、繁杂，现印井方原图，拟将割形作线及所注距离一并不绘，只注每块地所算出之面积，以清眉目。此种办法是否有当，祈鉴核示遵。谨将现拟四项图说送请鉴核等情，前来相应检同图说，函请查照为荷等因，附图说一份，图三张，前来合行检发。原图等件令仰该局查核办理具报，以凭转复，附件仍缴等因，计发原图说一份图三张，奉此查该局所送蒙荒图说，核与野外所测草图作法大致相符。至为免除繁杂起见，拟将每块地之割形，作线注记、距离、数字与印井方原图时一概不绘，只注每块地所算出之面积以清眉目，一节细核尚无妨碍。惟该图如欲随照颁发，务请转知该局，提前付印。刻日发局以凭照办，盖因发照在即，未便长久延候奉令前因，除将所发图说照绘，附卷备查外，理合备文呈缴。

鉴核施行。

谨呈辽宁省政府

计呈缴原图说一份、图三张

丈放东西夹荒事务局总办　刘效琨

中华民国十九年四月八日

　　中华民国十九年六月十三日,哲里木盟盟长兼盟兵备札萨克、郭尔罗斯旗札萨克和硕亲王齐默特色木丕勒协同达尔罕旗各王公,请求辽宁省政府在丈放西夹荒中将该旗留界地仍拨归该旗,以抵各王应得地价,并将所属蒙民生计地内的丈拨问题向省政府提交呈文,希望得到省政府的批准。该呈文影印件如下:

（此影印件缺失后两页）

该呈文原文①：

事由：

哲里木盟咨据温都尔王等呈请，将该旗留界仍拨归该旗，以抵应得地价，并将蒙众生计地就原座落段内充分丈拨，希照准见复。

哲里木盟长兼本盟兵备札萨克、郭尔罗斯旗札萨克和硕亲王齐默特色木丕勒，为咨行事。

案查民国十九年六月五日，据本盟帮办盟务和硕温都尔亲王阳仓札布、辅国公松永伟鲁布等为首，率同全体台壮联名呈称：呈为恳请转咨，救济蒙众生计，以存旗制，而免销灭事。窃台壮等世居达旗东南边境，溯自前清道光年来，以至近今，已经官家由我五份座落地亩内，出放大段荒地五次之多。在当时虽曾拨给生计、村基等地界，俾资生活。但以蒙民生长于地广人稀之区，较诸内地生活互异，习俗特殊，一旦使与汉人杂居，实多不便。是故开放各座落，分设梨、怀、辽、双诸县治。放垦站道荒而后，凡各该境内原住蒙户，均已遗弃田产、庐墓，移往未放荒界，聚族而居，加以年来，生齿日蕃、户口激增、数倍有奇，于此演成地狭人稠，游牧既不相宜，只得积极垦荒，改操农业，以为仰事俯畜之计。而八口之家，幸免饥寒、胥赖该段地亩，为之救济，实属性命相连，始终不容出放者也。讵料将该项地亩之半，借出放东夹荒为名，乃将夹荒界南北长百余里，东西宽约三四十里土地，划入荒区，一并展放。将原有六十余蒙村均行包套。越过原令指定蒙界之外，放至新河东沿，切近我旗十代先王及两公主陵园之旁而止。窃查，出放该荒迄经数载，不独生计地亩久未丈拨，并村基垦费等区区权利，亦尚付之阙如。至于借登记户口，调查熟地，丈拨村基等种种经费为名，勒索之来，不一而足。台壮等应付不遑，挨户破产，不得已遗弃房舍田产，转徙新河数十里一条隙地栖身，于原有数村苟且图存。既乏田产，复无住室，骤遭此种流离之苦，莫不呼天抢地，涕泗遑惑。而其所放夹荒，迄今未能售出。所可惜者，台壮等数世惨淡经营之熟地，现已一望荆棘，多成荒片。至于户地，直至去岁，始蒙拨给，而敝王先陵、府基以及祭

---

① 选自陆文杰主编《嘎达梅林史料研究》，内蒙古出版集团、远方出版社，2014年，第42—47页。

山、鄂博各地周围,仅予留给几垧闲地,仅在数十里外,指拨数方沙碱薄地,谓之保护区域。敝爵如是,其他蒙民财产损失,食冤莫诉,更可想见。在官家丈放该荒数年之久,尚未完竣。本不急于再放他荒,况现在座落乃系数万台壮居斯食斯,视为无二之根本之计,岂容再言出放。讵于上年,竟有本旗奸(以下文字无影印件——作者注)徒数人与贪婪之辈合谋,名该荒曰西夹荒,在省运动,务使出放,以资牟利。蒙民遽得消息,如闻晴天霹雳,莫不大惊失色。爰径集议、公推代表,晋省具呈扎萨克王暨省府主席,备陈痛苦,吁恳维护生计。时经一年之久,迄今明令示复。曾忆上年四月间,经温都尔王由省返至辽源,召集各管族长及蒙众,宣告司令长官省府主席之面谕,谓该旗西夹荒段内,村落户口,生熟地亩,究有若干,迄未详悉。现既下令设局办理丈放未便,即因蒙民要求,中止进行。不日即当派出测量人员,到段勘查。该王等亦应各派委员领导协助,俟调查竣事,再行面商决定。望贵王等转谕蒙民一体周知。等因。台壮等闻命欢舞,以为一番呼吁,必能仰邀仁典,普浴实惠矣。讵静候至今,未蒙派员来段履勘。且忽奉扎萨克公署通饬,以车省令内开,现拟将西夹、辽北两荒,同时出放。规定界至:东南至四洮路,东至图什业图王旗,北至东乌珠穆沁,西至鲁北、开鲁两县,南至通辽县界,统计面积六万五千方许。现已核定,悉数开放,以资治理。并经召集各方,征求意见,磋商结果,均表同情。未便即因稍有窒碍,变更原议。从此允谊清整积弊,扫除前途障碍,以期贯彻最初决定办法,勿背放荒利民本旨。除令两荒局遵照外,照会查明到旗。合令各属一体知照。抄发原办法等因。同时并由汉蒙两荒局下令,本座落台壮齐集辽源县街,听候会议前来。各村蒙民正在约定日期、地点,召开全体会议。公推代表前往与会之际,乃有往年曾充代表少数蒙人,只顾自便,不候蒙众决议,迳赴荒局,冒称代表,并且往局领薪,藉图糊口者有焉。在此辈交结奸徒,卖台壮名义,正不知用何诡计造言生事。是则蒙众予为声明万难承认者也。伏思前设各县之初,所拨原住蒙户生计地亩,非不足以维持。而今且无一户住在县境。可知汉蒙不能杂居,实如前述无疑。况此次如将蒙荒全段出放,则环境所迫,久住不能,转徙无所,诚恐流民之图,不胜其绘。而蒙不存旗将安傅!非均并入县境不止。是不独一部蒙民困苦流离而已,实为全旗存亡问题所属,又岂可与以前放荒同日而语耶!台壮等有鉴及此,一载以来,奔走呼吁。

一则正为子孙异日生殖计,求将应领地亩,准予计口充分拨给,并就一处连界丈拨,俾全部生计综合而成整个区域。明定疆界,永资保守。并由省宪下令,切实证明不再出放,以为永远保障。再则此项生计如援前例,仍行按户拨地,零发大照,流弊即属无穷,蒙民碍难承领。良以愚蒙昧于事体,贪图目前小利,将地照辗转典兑,纠纷横生,致滋牵累,在所难免,从而更向蒙民按照照册,并征小租及各项课赋,一照县治下规章办理,又属意中事。如果对于本盟各旗蒙地一律发照,蒙民自当无不遵领。盖以如此办理,系统攸分,蒙族存也。书云:'民为邦本,本固邦守'。素闻省长,关怀民瘼,利济存心,当必不忍坐视少数人垄断犯利,致使民生陷于绝境。只因下情不能达。更有小人煽惑离间,以冀从中乘便渔利,毫无疑义。但蒙民虽极愚昧,对于省宪垦荒兴利,发展民生之德意,并非从来明了,尤非本有大段余荒不愿出放,而故事借端作梗也。委以蒙民户口殷繁,较前已增倍,徒而环顾,数县疆域,无非蒙民原住座落,今则鉴于土地日蹙,生计垂绝,迫不获已,始有代表请命之举。查丈放该荒,系以公牍往还议定,初无明文宣布,有众际以青苗铺地,忽派绳员协同法军来殷丈放,台壮等目睹现象,唯恐本份座落蒙众尽先灭亡。爰再代表来辕,具陈痛苦。伏乞盟长俯念蒙众失业无依,惨状堪悯。迅转咨省政府,准照所请,计口授田,充分拨给生计地亩,俾幸异日子孙蕃衍,无虞饥寒。并予就一处丈拨大段,俾成整个区域,使数万蒙民生计,永远有托。蒙旗体制赖以保存。并由省宪明令,切实晓谕,以后不再出放已留之荒,以为将来保障,而定蒙众惊恐之心。俾符省座注重民生,团结民族,共趋繁荣,远大至计,当非仅一部蒙众之幸也。至于此项生计地亩,拨留办法,即请由本份座落南端起点,按其原来面积宽度往北丈至亩数,足敷分拨生计之处定为北界,由此以北余荒,即遵省令丈放。再以本旗应得一半地价,领留接连生计地亩段之余荒,一并划归本份座落地界,以备异日救济灾荒及应付一切紧要经费之需。综之,此番最后放荒,实为蒙民存亡之关键,台壮等利害切肤,不容不拼死力争。惟恳迅赐转咨救济,庶几台壮生机绝而复续,得免沦胥。涕泣上陈,无任彷徨待命之至。等情到盟。查该所呈各节,均属实在情形。敝盟长职责所在,事关民生,相应据情转咨贵政府,请烦查核。希即俯念蒙艰,准照该代表等所请办法,将该旗界连留界余荒,仍予拨归该旗,以抵其应得地价。并将蒙众生计地亩,请就该蒙众,原座落段内,即由一端充分丈拨,俾成整个生计之区,以全民生,而杜纠纷。窃谓曲顺蒙情,莫善于此。务希照准,见复。实为至荷。

    此咨

    辽宁省政府主席臧(式毅)

                        中华民国十九年六月十三日

　　呈文中,反映出若继续出放西夹荒,给蒙众以及王公带来的困境,提到甚至波及旗制的存亡。

　　中华民国十九年六月十九日,科尔沁左翼中旗札萨克再次向辽宁省政府呈文,请求停止辽北荒、西夹荒一带丈放出荒。该呈文影印件如下:

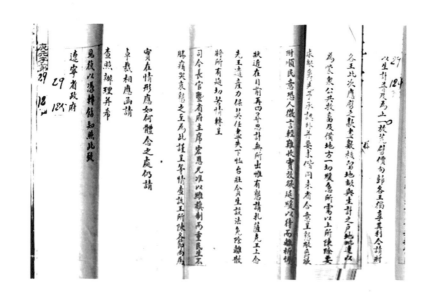

科尔沁左翼中旗再次向辽宁省政府呈文的原文：

　　札萨克达尔罕亲王公函

字第叁号

中华民国十九年六月十九日

　　迳启者案，据敝旗温都尔王阳仓札布呈称为□转请，宪恩划拨整段土地多留蒙民生计，以维旗制而重民生事，窃谓蒙旗土地，虽称国有，而蒙旗民众亦隶国家，既不同他国或虞意外，自不可歧视，实宜矜怜。敝属土地前虽迭经丈放，犹幸官蒙双方商洽，自东夹荒丈放以来，尚未报竣而续放西夹荒之议，又起间之情理实难云平，敝爵去年来省。曾荷司令长官暨翟主席并王秘书长，与札萨克王等公议，除将敝属划拨一隅，以为保民维旗外，其余交局丈放。更面谕俟，派员会勘，果有余荒再定。嗣后情形概未与闻顷奉札萨克印务处文开奉令，出放辽北、西夹两荒界址，东南至四洮路，东至图什业图，北至东乌珠穆沁，西至鲁北开鲁县，南至通辽县界等因。犹以为五份北部，虽不免丈放，幸全属大半未划入荒界以内，不谓段复奉省署文覆，并规定放荒办法一份，始悉所订荒界办法，达旗留界在王府附近，照千方拨留。所余，达旗界内之地均行丈放。又生计地办法，照东夹荒办法等因，捧读非常惊诧，敝爵世受国恩，忝列本属领袖，今竟为一网打尽之计，问心何安？溯达旗全界内分四部，由清道咸至今共计出荒八次。敝属经过六次之多,每放荒一次,蒙民即移并一次,早已变牧畜而重农业,故绝少荒旷。今仅剩此区区十分之二,而犹欲尽行出放,蒙民再无他地可移,欲免流离失所,亦何可得斯即谓此次蒙民生计从优拨给,无论东夹荒之前□非遥而散居析处,在蒙民既受自然之逼徙,在敝属尤叹名实之无存,痛心疾首寝食难安。况荒务局于事前并未一发布告,竟派绳丈员带队下段,危言恫哧。由认得土屯起向北挨次丈放,一面更商洽蒙民代表数人所许利益,非不稍慰民心。惟此次放荒迥殊在昔,当此一发千钧,不得不哀恳切求,以冀蒙民永获安生,受重举代表齐集敝府要求三事如下。

一、五份全属蒙户三百余屯,蒙民数万余口,现已日见加增,将来更必繁殖,拨给户地请以人口核算,不以户计。

一、国家之于蒙民难日无分畛域,而蒙与汉人有难共处,杂居之实,观所有已放区域,蒙户存留无几,彰然自明。倘将户地散拨,恐不下数年,必至转徙无遗。今请将五份地界,东西照旧,南由辽源出荒界起,向北计算安插蒙民以生计普及为止。

一、放荒劈价内归各王独享,其利令请。将各王此次应劈之款,尽数核留。地亩与生计之户地毗连,以为蒙众公共牧畜及备地方一切缓急所需。以上所陈,除要求敝爵先予承认外,并要求偕同来省合意呈恳,敝爵欲附顺民意,恐人微言轻,难收实效,欲延缓以待,而离析惨状,近在目前。再回寻思计无所出,惟有恳请札萨克王上念先王遗产,力保莫任尽失,下恤台壮贪生,设法免除离散,将所有迫切苦情,转呈。

司令长官暨省政府主席宏恩允准,以维旗制而重民生,不胜痛哭哀恳之至。为此谨呈。等情查该王所陈各节,尚属实在情形,应如何体念之处,仍请卓裁,相应函请。

查照办理并希见后以凭转饬知照

此致

辽宁省政府

由于辽宁省政府不顾蒙众反对,坚持出放,荒段内出现了蒙众自发的抗丈毁标事件。

辽宁省政府为防止在丈放过程中受到蒙民的反抗,派出东三省陆军测量局参与东西夹荒的测量工作,用武装力量保护丈放进度。

中华民国十九年七月十五日,东三省陆军测量局局长冯舜生针对保护标桩向辽宁省政府提交信函。该信函文影印件:

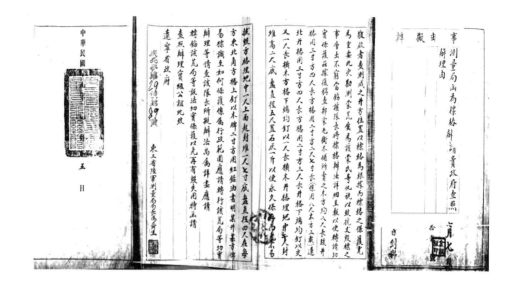

中华民国十九年七月十五日，东三省陆军测量局局长冯舜生向辽宁省政府提交信函原文：

事由：

测量局函为标桩办请贵政府查照办理由

敬启者查，测成之井方，位置，以标桩为根据。而标桩之保护竟为重要。此次勘测蒙荒，屡为该蒙民仇视，以致抗丈毁标之事层出不穷。当饬该队长将标桩办法详细呈报，以便转请，切实保护。兹据该复称，查郑家屯街木铺所卖之木方均八尺长，故井桩用三寸方四尺长，方桩用二寸方二尺七寸长（系用八尺木方三截），辽北开桩用三寸方四尺长，方桩用二寸方三尺长，井桩下端均钉以交叉一尺长横木方桩，下端钉以一尺长横木，井桩埋地中二尺封堆，高二尺，底盘直径五尺，置石灰一斤，以便永久保存，而免不易拔毁。方桩埋地下一尺，上面起封堆一尺七寸，底盘直径四尺。在每方东北角方桩上钉以木牌二寸方，用红铅油书明某井某方，俾易标识。至如何保护系属行政范围，应请转行该荒局等切实办理等情。查该队长所拟办法尚属详尽，应请。

转饬该荒局等设法切实保护，以免再有毁失用。特函请查照办理，实纫公谊。

此致

辽宁省政府

东三省陆军测量局局长冯舜生

中华民国十九年七月十五日

中华民国十九年十一月十二日,达尔罕王旗蒙民代表为宽留房基及生计地问题提交请愿书。该请愿书影印件如下:

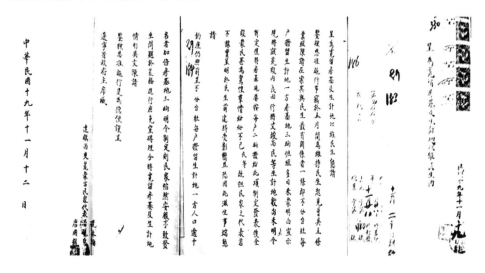

中华民国十九年十一月十二日,达尔罕王旗蒙民代表的请愿书原文:

呈为宽留房基及生计地以维民生恳请鉴核恩准

兹行事,窃于五月间,为维持民生起见,曾具五条业经陈请在案。其与民生最有关系者一条,即不分台壮,每户拨留生计地一方,房基地三垧。但经多日未蒙明白宣示,现将该荒段内良田行将丈竣,而民等生计地数,尚未明令制定。仅将房基地要按每户二垧拨给,此项制定发表后,全段蒙民甚为惊慌,群情纷纷不已,民等既担民众之代表,若不据实呈明,于民生前途将受影响,并恐因此滋生事端。

恳请钧座仍照前呈,不分台壮,每户拨留生计地一方,人口逾十名者加倍房基地三垧。明令制定,则民众帖然安服,不致发生问题,于荒务进行庶免窒碍,理合将宽留房基及生计地情形,具文陈请。

鉴核恩准施行,是为德便。

谨呈辽宁省政府主席臧

达旗西夹荒蒙古民族代表扎木陶、潘砚台、唐国权

中华民国十九年十一月十二日

中华民国十九年十一月□日,科尔沁左翼中旗札萨克根据蒙民代表之意,呈请辽宁省政府,停放新河北岸荒段的公函影印件:

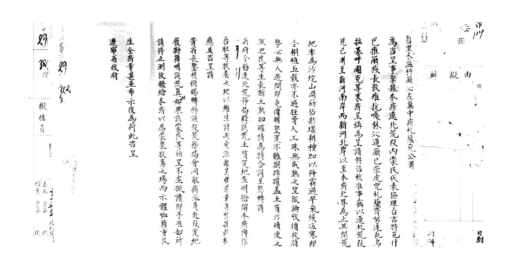

中华民国十九年十一月□日,科尔沁左翼中旗札萨克根据蒙民代表之意,呈请辽宁省政府停放新河北岸荒段的公函原文:

哲里木盟科尔沁左翼中旗札萨克公署

为咨呈事案,据本旗辽北荒段内,蒙民代表协理台吉特克什巴雅尔族长,敖堆抗嘎、林沁道尔已、崇虎儿、札兰齐努达瓦、乌拉基呼图克等来旗呈称,为呈请转咨核准事,窃以辽北荒段现已测至新河南岸,而新河北岸以至本旗北界为止,其间荒地率为沙坨山岗所占,眇勘耕种,加以降霜过早,气候冱寒,即令树植五谷,亦不过枉费人工,殊与成熟之望微,论收价放领势必无人过问,即免价赠,垦寔亦难期踊跃,盖土质沙碛使之然也,民等生长斯土,熟知确情,为特合词呈恩转请。

省府令饬辽北荒务局,将该荒土质寔地查明,拨留本旗,俾作台壮等牧养之地,以维生计而免流离,不胜感戴等情。据此,相应具咨呈请。

贵省长鉴核,俯赐转饬该段荒务局,会同敝旗派员赴段,寔地复勘,籍明该荒真相。如果该蒙民等所呈不虚,拟请即予准如所请,停止测放,拨给本旗以为蒙众牧畜之场,而示体恤,籍重民生,全旗幸甚。并希示复为荷。

此咨呈。

辽宁省政府

中华民国十九年十一月

　　中华民国二十年正月，科左中旗札萨克公署为本旗民众呈述苦况、吁恳体恤，给辽宁省政府的呈文影印件：

　　中华民国二十年正月，科左中旗札萨克公署为本旗民众呈述苦况、吁恳体恤，给辽宁省政府的呈文原文：

辽宁省政府批示：

核具报以凭，转覆去后，兹据复称，查该局所。

正文：哲里木盟副盟长科尔沁左翼中旗札萨克公署咨呈，为本旗民众呈述苦况、吁恳体恤，据情转陈。

请予俯准事。窃查民国二十年旧历正月间，案据本旗大族长四等台吉阿民乌尔图、吴图英哈那、孙巴图、群库尔、丹比尼玛、铁旦、纳木朱、旺丹、超克图楞、吉特各尔、乌贵超克丹、敖其尔扎兰、章京公格扎布、齐务大瓦、乌勒吉胡图克、拉喜吉克木特、孟可巴雅尔、札拉风嘎、乌尔吉巴雅尔、丹比林沁、阿查卜、塞济拉胡、乌尔吉尔嘎拉等联名呈称，为地狭人稠，势难容纳，恳思从宽展拨，以免局促，事窃以台壮等久沐王爷厚恩，住旗境辽涧区域，安享幸福。迄今不幸生计凋零，比户皆贫，寔已无力自存是则。首先陈报者外，窃查现在所放辽北荒界，系由河南北大段荒界起始，北行西面，沿札鲁特边境，由王府西方相隔几无十里远处经过，再北而至新河为止。再查西夹荒段，南由玻璃山学田界起始，东至站道荒界，西沿牧养公司之牧场，再往北测至包尔罕图达木村地方暂止。以上荒界，台壮等拟恳，从此免于推广。而以该两荒现在所止，界至新河包尔罕图达木村等地方为确定荒界，其余段落零星及为沙漠、碱片、水泡、山坡所占荒段，即请作为敝旗未被辽北、西夹两荒包套。老幼蒙众十万来口安置之所，以利民居而资生活。如蒙准行，庶幸乡数蒙户不致流离。伏乞即赐，转呈省长俯准照办，以示体恤，寔为德便等情。据此，相应具咨呈恳贵省政府鉴核，体念蒙艰，俯准所请，将辽北荒界即经至新河南岸为止，将西夹荒界即以至包尔罕图达木村为止，其余面积无几及为沙碱、水泡、山坡所占少数余荒。并请予以永免开放，俾便作为未被套入辽北西夹两荒段内，十万来口蒙众安置之地，使得聚居期间，籍谋生存而免流离转徙之苦，则全旗民众感德无既，并希示复为荷。

谨咨呈辽宁省政府

中华民国二十年

在丈放东西夹荒过程中，达尔罕王旗发生了温都尔王府梅伦吴子元带领蒙兵武装抗丈事件。

中华民国十九年十一月十五日，丈放东西夹荒事务局总办刘效琨，关于温都尔王主使吴子元抗丈事，向辽宁省政委会呈文影印件：

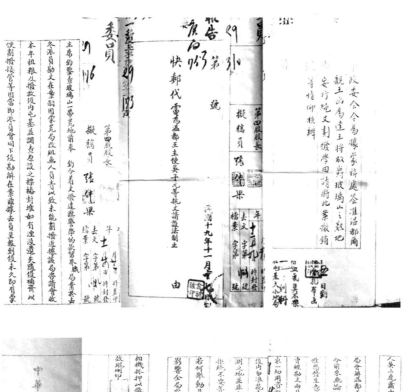

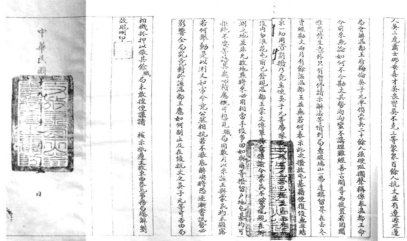

中华民国十九年十一月十五日,丈放东西夹荒事务局总办刘效琨,关于温都尔王主使吴子元抗丈事,向辽宁省政委会呈文原文:

事由:

政委会令据蒙旗处签准温都尔亲王函为达王将敞爵玻璃山之熟地,

妄行绳丈划拨学田,请将此案撤销等情仰核办

中华民国十九年十一月十七日

快邮代电　为温都王主使吴子元等抗丈请设法制止由

主席钧鉴

查玻璃山一带荒地前奉

钧令着丈拨达旗警学的款留界,职局业于去冬派员勘丈在案。嗣因蒙荒局改组,无人负责,以致未能划拨。近据该局咨请会收本年租粮及拨放段内屯基,并调查设之标桩封堆。如有湮没遗失,随段补齐,以便划拨接管等因,当即派员会同下段勘办在案。兹据去员呈报,到段未久即有蒙人吴三虎、萧士那、安喜才、吴尚贤、吴不克三等聚众百余人抗丈,并有辽源巡边局会办温都王府梅伦吴子元率领蒙兵二十余人,强硬阻拦,声称系奉温都王命令前来,无论如何,不令勘丈,其势汹汹,蛮不讲理,虽经善言开导,而彼置若罔闻。唯恐发生意外,只有暂停,请示办法等情到局。查玻璃山一带达旗留界,在去冬曾经勘丈两月有余,该温都王并无若何表示。此次拨放屯基,藉便复段,无非结束一切用资划拨。乃竟主使吴子元等带队反抗,殊属荒谬之极。并查西夹荒段内勿浪花屯,前已发现温都王蒙文传单,其意系谕令蒙民不必惊慌,现在测之地,并非允放地点,将来必用相当手段争回。如与尔等拨留户地、屯基,均可拒绝不要等语。其处心积虑,概可想见。职局因数月以来该王与蒙民均未显露,若何举动,是以测丈如常。今竟公然相抗,若不彻底解决,将恐逐渐尝试,势必影响全局。究竟对于该温都王应如何制止,及在段抗丈之吴子元等,可否由局相机抓押,以儆其余,职局未敢擅便,谨请。

核示只遵。

丈放东西夹荒事务局总办刘效琨删印

中华民国十九年十一月十五日
（丈放东西夹荒事务局之印）

温都尔王主使吴子元抗丈一事,受到丈放东西夹荒事务局的压制,蒙荒局刘仲举局长带领护垦军队解除了吴子元带领的蒙兵武装。而此举,刘仲举等人遭到诬陷。

中华民国十九年十一月十日,东北政务委员会针对刘仲举等人遭到诬陷一案的训令影印件:

中华民国十九年十一月十日，东北政务委员会针对刘仲举等人诬陷一案的训令原文：

辽宁省政府蒙字第三十五号令

东北政务委员会训令

为令行事案，据本会蒙旗处签发称准哲盟温都尔亲王阳仓札布函开，为敝属玻璃山地亩划拨学田一案，现有刘仲举率汉兵数百，将所派安垦局长吴子元及随从三名逮捕，并抄没枪械，更将巡兵打死一名，重伤一名，又将包营长及修械工人绑缚，所有枪弹药尽行抄没，营兵数十名勒缴军衣，尽行拘禁，请予转请对于刘仲举严予惩处。敝爵所派人员概速释放。关于营务概仍复旧，以保名誉，而安人心等因，除将原函附呈外，应如何办理之处理合签请鉴核示遵等情。据此，正在核行开准。

东北边防军司令长官公署，移交该王阳仓札布呈一件，并抄呈修枪合同一纸，又准哲里木盟盟长齐默特色木贝勒俭电一件，均同前因。除将文电抄发外，合函令仰该省府遵照，并案办具报备查，切切此令。

计抄发公函一件呈及合用各一件电报一纸

东北政务委员会（印）

张学良（签字）

中华民国十九年十一月十日

中华民国十九年十一月二十三日,丈放东西夹荒事务局总办刘效琨,再次向辽宁省政府呈文,禀报荒务局护荒队赵排长,解除吴子元所带蒙兵武装情况,请示对扣押蒙兵的处置等问题。该呈文影印件如下:

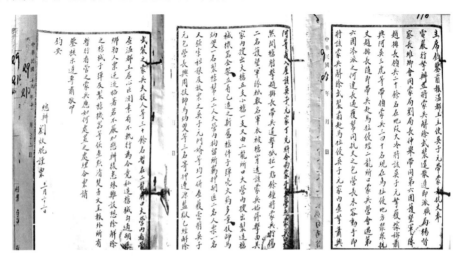

中华民国十九年十一月二十三日,丈放东西夹荒事务局总办刘效琨向辽宁省政府呈文原文:

主席钧鉴

前报温都尔王主使吴子元带蒙兵抗丈奉

电严行拿办,并将蒙兵解除武装遣散,即派职局杨督察长维卿,会同蒙局刘局长仲举,带同第六团护垦军队赵排长,领兵二十余名,在地段大冷将该吴子元拿获。据称萧兴阿、吴三虎等带领蒙兵三四十名,现在马拉侵①地方聚众抗丈。赵排长随即带兵赴马拉侵,经二龙所口②蒙兵营会遇第六团添派之何连长,遇获帮同抗丈之包营长,未容动手,即将该蒙兵解除武装。前赴马拉侵吴子元家内查拿萧兴阿等,甫入屋该吴子元家丁先纠合两家子大营之蒙兵,突然开枪射击。赵排长带兵还击,抵拒一点余钟,将蒙兵打伤二名,护垦军队只数名军衣被枪穿透,该蒙兵始停击。由其家内搜出大枪五支,小枪一支,又由二龙所口大营内搜出制造枪械机器全架。并有已造之新旧枪件子弹壳、火药多量,技师马炳双一名,制枪帮

---

① 马拉侵:地名,现为玛拉沁。
② 二龙所口:地名,现为额伦索克。

工二人，大营内拘留所羁押胡匪二名，人票一名。又强索租粮及放票之吴子元门婿等均一并查获。当将吴子元、包营长兴周，技师马炳双等三名，寄押辽源县监狱。已经解除武装之蒙兵夫役人等三十余名，暂在二龙所口大营内看管。查温都王居心叵测，素有不轨行为。今竟私造枪械，勾通胡匪，绑勒人票，逆迹昭著。若不严加惩办，后患殊难设想。除解除之枪械子弹及制造枪械器等，俟查点清楚，另文呈报外，所有暂行看管之蒙兵，应如何处置之处，理合禀请。

　　鉴核示遵，专前敬叩

　　钧安

总办刘效琨谨禀

十一月二十三日

　　中华民国十九年十二月二十五日，丈放东西夹荒事务局总办刘效琨向辽宁省政府详细报告了抗丈蒙营枪弹械器及马匹等物资，以及对胡匪人票已经送辽源县处理等情况。该呈文影印件如下：

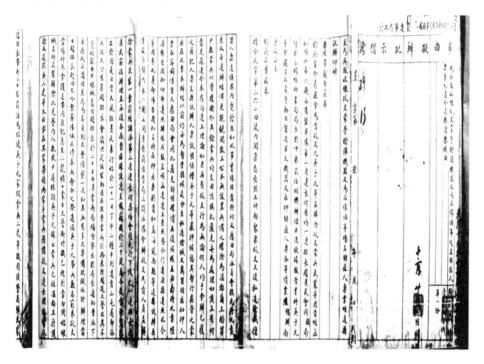

　　中华民国十九年十二月二十五日，丈放东西夹荒事务局总办刘效琨向辽宁省政府呈文原文：

　　　　辽宁省丈放东西夹荒事务局呈辽宁省省政府
　　　　事由：
　　　　为具报收缴抗丈蒙营枪弹械器及马匹、家俱等项，并胡匪、人票业经遵会送具，请鉴核由
　　　　　　　　　　　　　　　　　　十二月二十五日到

　　　　呈为具报收缴抗丈蒙营枪弹械器及马匹、家俱等项并胡匪人票业经送县讯办
　　　　仰祈
　　　　鉴核事，窃查前奉。
　　　　钧府电令，看严拿为首抗丈之吴子元等，并解除抗丈蒙兵武装等因。
　　　　当经函知骑兵第六团派护垦军队第二连连长何恩培、一连排长赵汉武，会同职局督察长杨维卿、蒙局局长刘仲举前往相机办理。去后旋据报告，业将吴子元等拿获，并在蒙营搜出制造军火机器，及在押胡匪人票各

等情,业经总办面禀及函呈,钧府在案,兹奉。

指令,元字第三六二四号内开禀悉,查该王所部,聚众抗丈,又复私造枪械,擅留人票。达旗界内竟发生如此事,实殊非意料所及。应由局派员会旗,先将此案荒段妥速办结,俾免觊觎。闲散王公本无设置兵备之权,除为温都尔王酌留少数蒙兵,以资护卫外,其余蒙兵均交由该旗札萨克妥为处理。如该王有何意见,应速令本省向达王理论。如果再有抗丈行为,无论何人,均予拿办。已获之匪犯、人票交县讯办。人票讯明保释,吴子元等严押候惩。其暂行看管之蒙兵,在此案未办结以前仍妥为暂管,听候处分。至私造枪械及羁留胡匪扣押人票各节,关系重大,应由局会同札萨克询明确情具复候核,并由局将此案经过布告周知。仰即遵照办理具报,并候函达达王查照,暨令行辽源县遵照此令等因,奉此遵即布告周知,并将在押匪票刘贵和、孟海龙、尚魁等送县迅办在案。兹准骑兵第六团函问案。查前,唯贵局函请派队拿办抗丈为首人员,并解除蒙兵武装一案。前经调派第二连连长何恩培会同先行下段之一连排长赵汉武前往办理,并函复各在案。兹据该连呈报,窃职于二十号奉令后当即整队出发,因是日雪大风狂尽夜东行。始于二十一日下午二钟半到达靠山屯,遂即派兵往大冷,召集赵排长会议决定,假装剿匪,求该营蒙兵引路,来隙阄进大营,出其不意始能突然缴械。盖因赵排长于二十日,由汉蒙两局杨督察长、刘局长通知,曾派下士孙殿臣随同荒局冯委员到大营侦察一次,知其无有多大准备,故拟依计办理,当日赵排长赶回大冷,整齐队伍,正待率兵会合之际,适值吴子元带兵数名前来抗丈,当场将其拿获,遂带同该犯,急至二龙锁口蒙古大营,斯时职已赶到,当即开始缴械并将武装解除。比见营内人数较少,遂根询吴子元,据云,蒙兵已往温都王府护卫及追问吴三虎等,又云亦在其家带领两家子蒙兵预备抗丈。连长闻讯当派赵排长带兵三十名,前往玛拉浸吴子元家,捉拿吴三虎等。职因该营甫解武装,唯恐漏网之徒,别生意外,故未敢即特擅离,乃与赵排长约定,如一小时后不返即带队前往接应,并将吴子元带去引路。适抵玛拉浸屯天已黄昏,由吴子元自行将门叫开,赵排长带队方要进屋,而该屯预先调来两家子大营蒙兵及吴之家属人等同时开枪,并由炮台用抬枪向我射击。该排长见火力猛烈不得已令所部开枪还击,此时职将营内缴械蒙兵及私造军火各犯等安置妥当,正拟齐队出发适遇带兵抗丈营长包兴周由辽源归来,当即拿获看押,职复带兵赶至玛拉浸接应。在途中即闻枪声隆隆连续不绝,知已拒捕遂令所部策马急奔进,及到玛拉浸屯见左右各蒙室均行开枪射击,职遂将所部(此处印章覆盖)斯时职即带兵数名,迳奔吴子元家及到门口而(此处印章覆盖）内闯出乃合兵一处，且抗击后走出村里许，蒙兵方不追赶，我即检查所属人马，□□全无损，仅有数人军衣被子弹穿透，遂带队由二龙锁口大营，并令赵排长押带吴子元仍回大冷，维时天已深夜。翌晨，赵排长乃同汉蒙两局杨督察长、刘局长等押带吴子元一干人犯及缴下之枪械、马匹等物，同到二龙锁口大营，职跟同各员等将人犯点名注册，并将所缴枪械、马匹及私造军火机械、枪筒、枪机子弹壳、火药等项逐一查点清楚，载入账簿。职复派队将吴子元、包兴周，及造枪技师马炳双等押交杨督察长、刘局长，带回辽源监狱收押。查是役计职连消耗轻机关枪弹共九百二十三粒，七九步枪子弹一千九百五十六粒，损坏捷克式枪机一件，又一连消耗七九步枪子弹一千七百二十七粒，损坏捷克式步枪枪机一件，除消耗子弹及损坏机件，另文呈报外，理合将所缴枪弹、马匹并造械机器、火药材料等项，缮具清单，报请鉴核等情。据此，查该连业已遵令将抗丈为首之吴子元等拿获，并即解除蒙兵武装，此案业已告一段落。惟看押之各色人等，及所缴枪弹、马匹并造械机器、火药材料、家具物品等项，究应如何处理，事关巨案。急应迅予呈请，以资结束。除指令该连外，相应照抄清单二份，函请贵局查照核办。务希见后等因准此。并据职局督察长杨维卿报告办理情形，亦覆相同。惟查前禀文内有大枪五支，小枪一支。查此项大枪业经并入所缴枪数以内，到报其小枪一支，系属检查错误，实际并无小枪。除在押之吴子元等□正会同札萨克详询另文呈报外，惟查此次处理得法，皆何连长恩培处置敏捷，赵排长汉武勇敢有为，均属异常出力，以致结果圆满。

恳请

钧府转请

司令长官公署从优给奖，以示鼓励。所有收缴抗丈蒙警枪弹机器等项，并匪票送县。各缘由理合缮具械物清单二份，又匪票供单一份，备文呈请。

鉴核施行。谨呈辽宁省政府。

计呈送清单二份、供单一份。

丈放东西夹荒事务局总办刘效琨
中华民国十九年十二月二十五日

中华民国十九年十二月十八日，辽源县县长金玉声受理了丈放东西夹荒事务局总办移交的蒙兵抗丈事件中抓捕的刘贵和、孟海龙、人票尚魁等三人，并将受理情况向省政府报告。该呈文影印件如下：

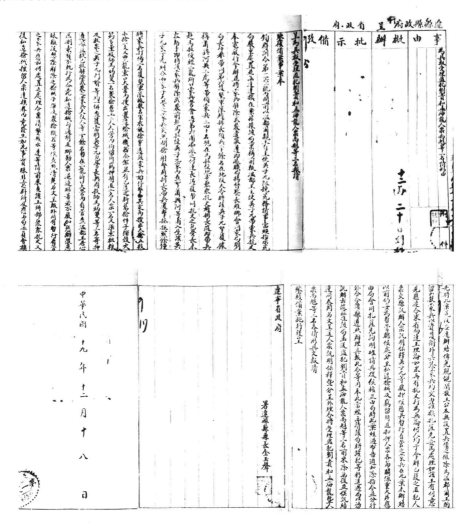

中华民国十九年十二月十八日,辽源县县长金玉声向辽宁省政府呈文原文:

辽源县政府呈省政府

事由:

为具报受理盗犯刘贵和、孟海龙、人票尚魁等三名情形由

　　　　　　　　　　十二月二十日到科

正文:

呈为具报受理匪犯刘贵和孟海龙、人票尚魁等三名报请

鉴复备案事,案奉

钧府训令第二六三号内开,前以温都尔亲王,有主使吴子元阻挠荒务情事,当经指示荒局严重处置,并函达达旗在案。兹据该局禀称,前报温都(尔)王主使吴子元带蒙兵抗丈,奉电严行拿办,并将蒙兵解除武装遣散,遵即派职局杨督察长维卿会同蒙局刘局长仲举,带同第六护垦军队赵排长,领兵二十余名,在地段大冷将该吴子元拿获。据称萧兴阿、吴三虎等带领蒙兵三四十名,现在马拉侵地方聚众抗丈。赵排长随即带兵赴马拉侵,经二龙所口蒙兵营,会遇第六团添派之何连长,遇获帮同抗丈之包营长,未容动手,即将该蒙兵解除武装。前赴马拉侵吴子元家内,查拿萧兴阿等。甫入屋该吴子元家丁先纠合两家子大营之蒙兵,突然开枪射击。赵排长带兵还击,抵拒一点余钟。将家兵打伤二名,护垦军队只数名军衣被枪穿透。该蒙兵始停击,在其家内搜出大枪五支,小枪一支,又由二龙索口大营内搜出制造枪械机器全架。并有已造之新旧枪件子弹壳、火药多量,技师马炳双一名,制枪工二人。大营内拘留羁押胡匪二名,人票一名。又强索租粮及放票之吴子元门婿等均一并查获。当将吴子元、包营长兴周,技师马炳双等三名寄押辽源县监狱。已经解除武装之蒙兵夫役人等三十余名,暂在二龙索口大营内看管。查温都王居心叵测,素有不轨行为。今竟私造枪械,勾通胡匪,绑勒人票,逆迹昭著,若不严加惩办后患殊难设想。除解除之枪械子弹及制造枪械器等,俟查点清楚,另文呈报外,所有暂行看管之蒙兵该如何处置之处,理合禀请,鉴核示遵。等情前来查该王所部,聚众抗丈,又复私造枪械,擅留人票,达旗界内竟发生如此事,实殊非意料所及,应由局派员会旗先将此案荒段妥速办结,俾见觊觎。闲散王公本无设置兵备之权,除为温都尔王酌留少数蒙兵,以资护卫外,其余蒙兵均交由该旗札萨克妥为处理。如该王有何意见,应执令来省,向达王理论。如果再有抗丈行为,无论何人,均予拿办。已获之匪犯人票交县讯办,人票讯明保释。吴子元等严押俟惩,其暂行看管之蒙兵,在此案未办结以前,仍妥为暂管听候处分。至私造枪械及羁留胡匪、扣押人票各节,关系重大,并应由局会同札萨克询明确,情具复候核。并由局将此案经过,布告周知。除指令并分行外,合令该县遵照办理。具报,此令等,因奉,此当经函请该局,将该犯等移送过局以凭讯办去后,兹准该局函送盗犯刘贵和、孟海龙,人票尚魁等三名前来,除函复并俟讯结,连同卷判另文呈送。人票讯明保释,暨分呈外,理合将受理盗犯刘贵和、孟海龙暨人票尚魁等三名各情形,具文报请。

鉴核备案施行

谨呈辽宁省政府

署辽源县县长金玉声(章)
中华民国十九年十二月十八日

中华民国十九年十二月十九日,丈放东西夹荒事务局针对吴子元抗丈一事,向辽宁省政府主席报告,称达尔罕王旗札萨克奉命办理解散温都尔王军队等事宜。

丈放东西夹荒事务局向辽宁省政府主席呈文影印件:

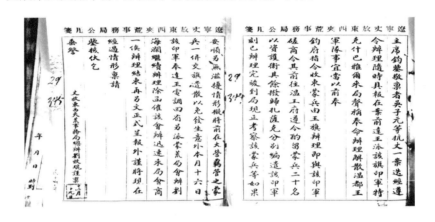

中华民国十九年十二月十九日,丈放东西夹荒事务局向辽宁省政府主席呈文原文:

主席钧鉴

敬禀者吴子元等抗丈一案,迭经遵令办理,随时具报在案。前达王派该旗印军特克什巴雅尔来局,声称奉命办理解散温都王军队事宜。当以前奉。

钧府指令,收束蒙兵由王旗办理,即与该印军磋商,令其前往温王府,遵令酌留蒙兵二十名,以资护卫,其余拨归札萨克,分别编遣该印军,刻已办理完竣到局。现正考察该蒙兵等,如果安顺,另无滋扰情形,拟将前在大营羁管之蒙兵一并交旗遣散,以免发生意外。本月十六日,该印军奉达王电调回省,另派蒙荒局会办刘海澜继续办理,除函催该会办迅速来局会商,一俟办理结束,再另文正式呈报外,谨将现在经过情形禀请。

垂察

鉴核伏乞

丈放东西夹荒事务局总办　刘效琨

十二月十九日

中华民国十九年十一月三十日,哲里木盟帮办盟务温都尔亲王阳仓札布,为刘仲举等诬蔑欺凌事,向辽宁省政府主席呈文。该呈文影印件:

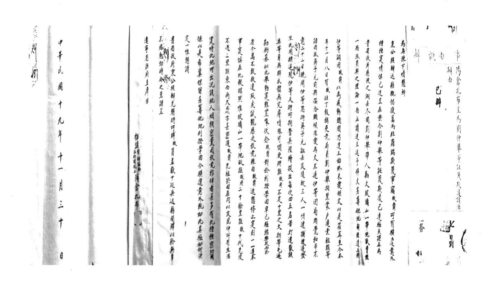

中华民国十九年十一月三十日,哲里木盟帮办盟务温都尔亲王阳仓札布,向辽宁省政府呈文原文:

事由:

阳仓札布呈为刘仲举等污蔑欺凌清法办由

正文:

为再陈下情,恳祈。

秉公核办,迟饬概仍复旧。而杜籍端欺蔑事,窃敝爵所有横遭意外种种寃情,俱已迭呈在案。今刘仲举等诬蔑欺凌已达极点,谨再为贵省政府历陈之。溯去冬闻,刘仲举带人勘丈玻璃山一带地亩,曾经一面派员与之理论,一面函请达王迅予停丈,另筹他地。嗣经达王将伊等调回。敝爵以为感动。听闻,乃达王始终未复明文,以是荏苒至今。本年十一月八日,有敝壮丁报称,夹荒局员刘仲举拘禁蒙户,逼索租粮等语,因派吴子元前与接洽,听候准覆,再丈不迟。伊等回局颇觉和平,不意二十二日晚间,伊等忽将吴子元诳去,及随从三人一并逮捕,遂发生此项横逆。现伊等人将所拘营兵陆续提出,每次四五名,苦打遣散,该兵等身无棉衣,体无完肤,情殊可怜。更将距敝府不足十里之大扔等屯遍勘街基,似此举动寔难置□伏念。敝爵对于划拨学田,早已极端乐从。而于省令,万不敢故违取戾。试观历次放荒,虽由敝爵迭恳停止,寔则一一遵奉,事寔俱在,比较昭然。惟玻璃山一带地亩,距敝府二十余里,距敝十代先陵不过三里,距东西两大庙亦甚密通,敝爵先祖祭田在内,以及昆仲所有生活寔恃此地所出。况该地人烟稠密,寔因放荒移并甚多。有此种种密切关系,以是希冀保留,另筹他地划拨学田。今横遭意外,暨如此其极如何决定,一惟恳请。

贵省政府秉公核办,尤恳将抱恨所缚敝员,并数十巡兵迅饬开释,以矜无辜,不胜翘切待命之至。

谨呈辽宁省政府主席

哲盟帮办盟务温都尔亲王　阳仓札布
中华民国十九年十一月三十日

中华民国十九年十二月十日,辽宁省政府以东北政务委员会名义,针对哲里木盟帮办盟务温都尔亲王阳仓札布呈报刘仲举一案下达训令。该训令影印件如下:

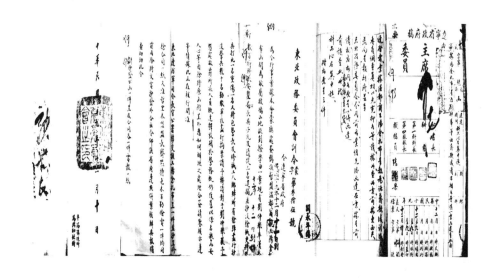

中华民国十九年十二月十日,辽宁省政府以东北政务委员会名义,针对哲里木

盟帮办盟务温都尔亲王阳仓札布呈报刘仲举一案下达训令原文：

辽宁省政府稿

事由：

阳仓札布呈为刘仲举等污蔑欺凌清法办各等情一案，函达查照由

批示：

迳启者，案据温都尔王杨仓扎布呈称，为诬蔑欺凌，请派专员调查真相，以免冤抑各等情，据此。查此案。前所东西夹荒局呈报到府，呈奉。

东北政务委员会会同前因，业经先后函达在案。据呈前情，相应抄同各原呈，妥办并案完后并函达。

贵旗查照，此致。

科尔沁左翼中旗

附抄原呈三件

正文：

东北政务委员会训令（蒙字第叁拾伍号令）

辽宁省政府

中华民国十九年十二月十二日

为令行事案，据本会蒙旗处签称，准哲盟温都尔亲王杨仓扎布函开，为敝属玻璃山地亩划拨学田一案，现有刘仲举率汉兵数百，将所派安垦局长吴子元及随从三名逮捕并抄没枪械，更将营兵打死一名，重伤一名，又将包营长及修械工人绑缚。所有枪弹尽行抄没，营兵数十名勒缴军衣尽行拘禁，请予以转请。对于刘仲举严予惩处。敝爵所派人员概速释放。关于营务概仍复旧，以保名誉而安人心等因，除将原函附呈外，应如何办理之处理合签请鉴核示遵等情，据此正在核行间准。

东北边防军司令长官公署，移交该王杨仓扎布呈一件，并抄呈修枪合同一纸，又准哲里木盟盟长齐默特色木丕勒俭电一件，均同前因，除将文电抄发外，合亟令仰，该省府遵照并案核办具所备查，切切此令。

计抄发公函一件，呈及合同各一件、电报一纸。

中华民国十九年十二月十日

张学良

中华民国十九年十一月十八日,卓哩克图亲王与达尔罕亲王因分劈荒价而发生争执一事,向辽宁省政府呈文,以求明示。

中华民国十九年十一月十八日,卓哩克图亲王向辽宁省政府呈文影印件:

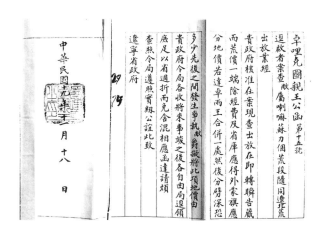

中华民国十九年十一月十八日,卓哩克图亲王向辽宁省政府呈文原文:

卓哩克图亲王公函第十五号

迳启者案查,敝属喇嘛苏力个荒段,随同辽北荒出放,业经贵政府核准在案。现查出放在即,转瞬告藏。而荒价一端除经费及省库应得外,蒙旗应分地价,若达卓两王合并一处,然后分劈,深恐多少、先后之间发生争执。敝爵拟将此项地价由贵政府令局各收,将来事竣之后,各自由局迳领。庶足以省周折,而免含混,相应函达请烦。

查照令局遵照,实纫公谊。

　　　　　　　　　　　　　　　　此致

辽宁省政府

　　　　　　　　　　　　中华民国十九年十一月十八日

第四章 嘎达梅林的请愿与起义

一 嘎达梅林请愿被捕

嘎达,蒙古族,本名孟业喜,又名那达木德,汉名孟青山,出生在哲里木盟达尔罕旗(即科左中旗)温都尔王属地采哈新甸札门朝海村(今吉林省双辽市卧虎屯镇哈日巴拉山脚下)。嘎达家族在达尔罕王属民中是专服差役的家族。孟青山在兄弟四人当中最小,所以俗称老嘎达,习惯称为嘎达。

嘎达十岁时,由于家乡"采哈新甸荒"的开垦,一家人被迫从札门朝海村向西迁移到满特哈村(今科左中旗努日木镇境内)。1909 年,嘎达十七岁时,经堂兄阿拉德尔朝克图梅林介绍,到达尔罕王府为旗卫队的汉族军事教官当蒙语翻译。1910 年,嘎达十八岁时,成为旗卫队正式队员并兼任翻译。1911 年,嘎达十九岁时,被王府任命为旗卫队什长,直接管理卫队的一些杂事。1920 年,嘎达二十八岁时,被王府任命为达尔罕旗卫队协理军务梅林,在王府的九家子兵营统管开鲁、通辽、达尔罕旗交界的治安事宜,协助军务梅林管理日常事务。1923 年,嘎达三十一岁时,被任命为达尔罕王旗军务梅林。

嘎达自从在达尔罕王旗卫队当翻译到任旗卫队梅林职务的十多年里,目睹了达尔罕王旗的历次出荒,使得民众赖以生存的土地日渐减少。一是,奉系军阀张作霖拉拢达尔罕亲王那木济勒色楞,结成儿女亲家,大肆侵占达尔罕旗土地。特别是军阀政府与达尔罕王勾结,在通辽县设立"西夹荒事务局",与原"东夹荒事务局"合署办公,任命刘效琨为西夹荒事务局总办。"西夹荒事务局"成立后,奉东北军阀之命,肆意丈放东西夹荒,进一步加紧了对达尔罕王旗土地的分割、吞并。二是,达尔罕王旗的王公贵族为满足私欲,巧立名目大量出放各自领有土地,从中渔利。

三是,张学良继任后继续实施开垦蒙地计划,派出军队武力保护西夹荒事务局测量队,以在架玛吐、舍伯吐设县治为目的,对西夹荒、辽北荒实行大规模的丈放开垦。嘎达梅林看到民众因为失去土地而背井离乡的惨状,渐渐产生了为民众的利益制止军阀政府和王公贵族们出荒的想法,以保护民众赖以生存的土地。

1927年,嘎达梅林在冬季巡逻中,为保护孔家窝堡的村民,率旗卫队骑兵与军阀护荒队交锋,因此得罪了王爷。嘎达梅林要制止出荒的消息,使王爷和福晋大为不安。王爷的福晋借机与旗务梅林韩舍旺设下计谋,扬言嘎达梅林贪污了军饷,下令撤了嘎达梅林的职务,由王府在奉天的亲信王祥林接替军务梅林职务。

王祥林接任达尔罕旗军务梅林职务后,网罗三十多名亲信扩充旗兵队伍,壮大自己势力。但是王祥林欺兵霸权、专横跋扈、打杀百姓的军阀作风遭到旗卫队老兵的反对。官逼兵反,一百三十多名旗卫队老兵从旗王府军营中出走,另起炉灶,活动在花吐古拉一带。"造反"的旗卫队官兵强烈要求达尔罕王爷恢复嘎达的梅林职务。旗卫队"造反"惊动了长居奉天王府的达尔罕王爷,旗卫队混乱的状态让王爷寝食难安。

1928年,达尔罕王爷为了缓和旗内紧张局势,恢复了嘎达的梅林职务。

嘎达重新履职时,正是军阀配合韩舍旺等人的测量队强行进入西夹荒、辽北荒开始丈放土地的时候。嘎达梅林看到大片土地要被出放,他和旗内很有威望、办事公正的潘喇嘛商议,并由潘喇嘛出面在王府召集旗内民族上层人物开会,研究如何发动群众向王爷申请阻止出荒事宜。吉乙拉喜、吐四格拉喜、扎兰等旗里民族上层人士和僧格嘎力布、赵舍旺、嘎达梅林、张舍林尼玛等有势力的台吉等二十一人参加会议。会上大家一致认为应该阻止王爷继续出放荒地,同意推选嘎达梅林、僧格嘎力布、赵舍旺、张舍林尼玛为代表,召开更大规模的会议,征求民愿。会后僧格嘎力布、赵舍旺、嘎达梅林、张舍林尼玛分别在古尔本忙哈、哈拉乌苏庙、舍伯吐等三地召开约五百人参加"百姓会议"。会上同意选派六十名代表到奉天府向军阀政府和王爷请愿,并写万人签名的"独贵龙"①呈文,要求政府和王爷收回出荒成命,不要继续出卖现有土地。与会人员公推僧格嘎力布、赵舍旺、嘎达梅林、张舍林尼玛四人为请愿团代表,去奉天王府面见王爷,反映旗民保护土地的愿望。

1929年5月,嘎达梅林等四名民众代表组织了"吉仁乌布扎"(六十人的年长者)请愿团到奉天省政府(今辽宁省沈阳市)和工府请愿。请愿团到达沈阳后,代表们分别把请愿书递交给达尔罕王爷和省长翟文选,要求与他们会见,以代表达尔

---

①　独贵龙:蒙古族人民反封建斗争中所采取的一种具有民主性的斗争形式。参加这一组织者经常坐成圆圈,共同讨论研究各项问题;在斗争中通过决议和上报政府的呈文签名,亦呈圆圈形。

罕旗民众当面提出停止出荒的要求。

在省府,省长拒绝接见代表,请愿团不得以终日静坐,表示不达目的决不返回的决心。请愿团坚持数日静坐后,省长在无可奈何的情况下接见了请愿团代表。但是省长不仅不接受请愿团的合理要求,反而盛气凌人地说:"开荒是国家大法规定的,是为了充实边疆。你们反对开荒是一种违反国法的不轨行为。"嘎达梅林当即反驳说:"你作为一省之长,口口声声以国法压人,请问达尔罕旗蒙古人现在居住的地方算不算中国土地?他们算不算中国人?你们以充实边疆为名强占他们的土地,掠夺他们的财产,使他们的牛羊马群无处放牧,背井离乡,流离失所,要说违法的首先是你们,而不是我们。"省长无言以对,悻然拂袖而去。①

在王府,请愿团代表们坚持二十多天的请愿斗争,被王爷推说各种理由拒之门外。嘎达梅林在大怒之下大声喊出:"我们是为了整个达尔罕千百万人民的生活来请愿的,王爷为什么始终不接见我们?王爷轻信韩舍旺的花言巧语,故意不接见我们民众代表,这是什么王爷?"王爷听到嘎达梅林的喊声,传令让嘎达梅林等代表们进见。②

嘎达梅林等人见到王爷和福晋后,详细讲述了民众请愿书的全部内容,强调说:"韩舍旺出卖了达尔罕王旗的土地,使达尔罕的人民到了无法生存的地步,王爷对此不闻不问,相反给韩舍旺高官厚禄……"福晋感到嘎达梅林的话很不顺耳,大声训斥。嘎达梅林反驳道:"你是钻进王爷府的狐狸精,自从你到王爷府使王爷与民众之间闹成矛盾,民众痛苦到了极点,这都是你勾结军阀干出的好事……"此时福晋穷凶极恶,大声地喊道:"把你们都逮捕起来。"③

王爷看到此情景,为缓和局面对嘎达梅林说:"你们先回去,待几天再说。"就这样结束了这次见面。过了两天,韩舍旺遵从王爷之命,宴请嘎达梅林。筵席间韩舍旺对嘎达梅林说:"达尔罕旗早晚是要出荒的,阻止出荒是不可能的。你还是回到旗里去,给你十五方土地,随便你选择,并给你一万块大洋。"嘎达梅林不为土地和大洋诱惑所动,当即对韩舍旺说:"我如果贪图财产的话,不能把家产倒卖,抛弃官职来请愿。我是为了达尔罕旗成千上万民众的生命财产。我不要王爷给的土地和大洋,只要我活着,你们就妄想在达尔罕的土地上出放辽北荒。"韩舍旺对嘎达梅林实行收买的手段没有得逞,且受到强硬的回击,因而对嘎达梅林的仇恨更加强烈。第

① 陆文杰主编:《嘎达梅林史料研究》,内蒙古出版集团、远方出版社,2014年,第139页。

② 陆文杰主编:《嘎达梅林史料研究》,见科左中旗调查组编《科左中旗档案局有关嘎达梅林的档案资料——民族英雄嘎达梅林材料》,内蒙古出版集团、远方出版社,2014年。

③ 陆文杰主编:《嘎达梅林史料研究》,见科左中旗调查组编《科左中旗档案局有关嘎达梅林的档案资料——民族英雄嘎达梅林材料》,内蒙古出版集团、远方出版社,2014年。

二天,向王爷报告时,韩舍旺添枝加叶地说:"以嘎达为首的民众请愿代表要杀我弟弟。"并在呈文中说,嘎达要带领民众请愿团去南京政府告王爷。王爷见软硬兼施均不见效,就施以高压手段。1929 年 8 月 19 日,韩舍旺受达尔罕王爷指使,以达尔罕旗扎萨克驻辽源办公处名义,向辽宁省政府上报密函,请求辽宁省政府出动军警逮捕嘎达梅林等四人问罪。①

8 月 20 日,辽宁省政府秘书陈学把韩舍旺送到省政府的密函转呈省长瞿文选。省长当即批示,下令逮捕嘎达梅林等人。

1929 年 8 月 30 日夜间,辽宁省警察厅的巡抚包围了请愿团代表入住的茂林旅馆,逮捕了请愿团民众代表韩僧格嘎力卜、张舍林呢玛、赵舍旺等人,打散了六十名请愿的老年代表。当晚,嘎达梅林和牡丹入住黄寺庙,警察通过韩僧格嘎力卜知道了嘎达梅林与牡丹的住处。第二天早晨六点,辽宁省警察厅在黄寺庙将嘎达梅林逮捕,并以阻止出放西夹荒、辽北荒为罪名将其投入监狱。

9 月 27 日,旗卫队将嘎达梅林等四人从沈阳押回达尔罕旗,关在旗王府的监牢中。

逮捕嘎达梅林的经过是这样的:中华民国十八年八月十九日,达尔罕旗"蒙荒局"的韩色旺以达尔罕旗札萨克公署驻辽源办公处的名义,向辽宁省政府提交密函,要求"贵政府赶速饬警,将赵瑞堂、韩升各嘎拉卜、张瑞、孟青山(嘎达梅林)等四名一并拿获,解交本旗严讯法办"。

中华民国十八年八月十九日,达尔罕旗札萨克公署驻辽源办公处向辽宁省政府呈报密函影印件:

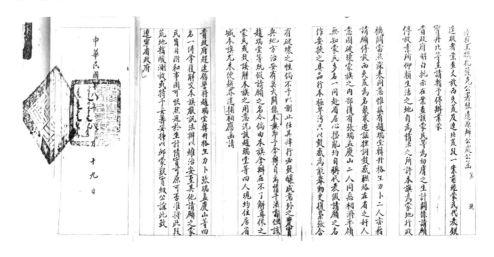

---

① 陆文杰主编:《嘎达梅林史料研究》,见科左中旗调查组编《科左中旗档案局有关嘎达梅林的档案资料——民族英雄嘎达梅林材料》,内蒙古出版集团、远方出版社,2014 年。

中华民国十八年八月十九日,达尔罕旗札萨克公署驻辽源办公处向辽宁省政府呈报密函原文:

达亲王旗札萨克公署驻辽源办公处公函

迳启者案查丈放西夹荒及辽北荒一案,前经蒙民代表银宝丹比等呈请,暂予停办。

业蒙贵政府明白批示在案。查该蒙民等为切肤之生计关系,请愿停放素所仰赖生活之地,自为情法之所许。本旗为蒙地行政机关,当然深表同意,惟兹有赵瑞堂、韩升格嘎力卜二人,亦籍请愿停放西夹荒为名,聚众造谣,捏词蛊惑联络在省之奸人,意图破坏蒙旗之内部。复有张瑞、孟青山二人,同恶相济,率领无知蒙民多名,一同赴省,居心扰乱。均自称代表,假请愿之名作要挟之具,品行本极卑污,只以蛊惑为能,举动更复枭张含,有破坏之性。倘不予以制止,任其肆行,必致酿成意外变实,与地方治安有莫大关系。本旗即予拿办,自为情平法当。但该赵瑞堂等,既假请愿之名,今倘由本旗拿办,在不了解真像之蒙民或致误解本旗之用意,况该赵瑞堂等四人,现均居住省城,本旗尤未便越界逮捕。相应函请。

贵政府,赶速饬警,将赵瑞堂、韩升格嘎力卜、张瑞、孟青山等四名一并拿获,解交本旗严讯法办,以维治安。至其他请愿之蒙民,旨同附和,事固可恨,然迫于生计,情实可原。可否准将此段荒地,暂缓测放或特予妥筹安插,以恤蒙艰,实纫公谊。

此致

辽宁省政府

中华民国十八年八月十九日

中华民国十八年八月二十日,辽宁省政府秘书陈学将关于逮捕孟青山等四人的密信转呈至辽宁省省长影印件:

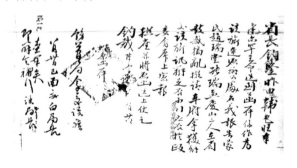

逮捕孟青山等四人的密信转呈辽宁省省长原文：

　　省长钧鉴

　　昨由韩舍旺奉达尔罕王爷送到函一件,系作为该旗辽源办公处名义,报告蒙民赵瑞堂,张瑞、孟青山三人在省蛊惑捣乱,拟请本府拿获解交该旗,迅办是否可行,应否于政委会□上密报。

　　□座亦将原函送上伏乞。

　　钧裁陈字谨年八月二十日

　　附原函一件

嘎达梅林等四人被逮捕后,在沈阳拘留近一个月。中华民国十八年九月二十五日,奉辽宁省政府训令,将孟青山等四人送到达尔罕旗札萨克印务处处理。

中华民国十八年九月二十五日,辽宁省政府以东北政务委员会名义发布训令影印件:

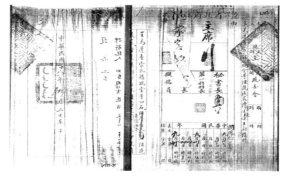

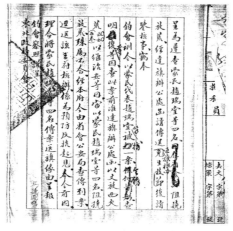

中华民国十八年九月二十五日辽宁省政府发布训令原文：

> 呈为遵查，蒙民赵瑞堂等四人，阻挠放荒。经达旗办公处函请，传送返旗核办。免生枝节，复请鉴核事。窃奉钧会训令，以蒙民代表赵瑞堂等被捕一案，令饬查明复奉等因。查此案前准达旗办公处函，以丈放西夹荒云云（在奉），以维治安等因，当以蒙民赵瑞堂等四名，阻挠放荒，殊属不合。经本府今由省会公安局查传到案。迳送该王府核办，系为预防反抗起见，奉会前因，理合将蒙民赵瑞堂等四名，传案送旗缘由，呈报。
>
> 钧会察照谨呈。
> 东北政务委员会

中华民国十八年九月二十五日

达尔罕王旗决定将派本旗统领刘震玉带兵押解赵瑞堂等四人回旗，并向辽宁省政府报告，请求发给枪支子弹。

达尔罕王旗辽源办公处请求枪支、子弹信函影印件：

达尔罕王旗辽源办公处请求枪支、子弹信函原文：

> 事由：
> 达亲王旗驻辽源办公处甬为押解犯人赵瑞堂，赴通辽请发手枪护照
> 迳启者案查，为拿办赵瑞堂等四人一案准由
> 贵政府解交本旗处理。兹由本旗派巡防统领刘震玉率同员兵五名，携带手枪三支，子弹二百粒，押解该赵瑞堂等四名，由辽宁经北宁，打通二

路,赴通辽。

请由贵政府发给护照一纸,用便通行,相应抄同名单。

函请贵政府查照饬填照发,实纫公谊。

此致

附名单一纸

中华民国十八年九月二十七日,辽宁省政府批准了达尔罕王旗辽源办公处的请求,并为押解赵瑞堂等四人发放了通行护照。

辽宁省政府发放通行护照影印件:

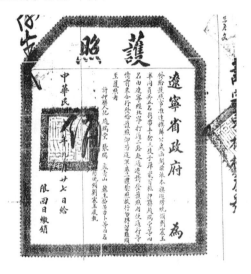

辽宁省政府发放通行护照原文:

辽宁省政府为

发给护照事,准达旗办公处函开。兹派本旗巡防统领刘震玉率同员兵五名,携带手枪三枝,子弹二百粒,押解赵瑞堂等四名由辽宁经北宁,打通二路赴通辽,请发护照用便通行等情,前来合行,发给护照。仰沿途军警一体,验照放行,勿得留难,须至获照者。

计押解人犯赵瑞堂、张瑞、孟青山、韩生格加力卜等四名。

达旗巡防统领刘震玉收执
中华民国十八年九月二十七日

二　嘎达梅林武装起义

1929 年(中华民国十八年)十一月十三日,关押在王府印务处监牢(今科左中旗花吐古拉腰营子)的嘎达梅林,被妻子牡丹及其率领的嘎达梅林叔伯弟弟巴格都、艾敏龙和几位挚友共八人劫狱成功。趁夜色,把戴着脚镣的嘎达梅林抬上准备好的马背上,快速跑到王府西边的十三敖包屯,砸开嘎达梅林的脚镣。几个人简单商议一下,决定向北部扎鲁特旗方向去找落脚的地方。

嘎达梅林他们九人跑了一夜,来到会音苏莫庙(今珠日河牧场代来胡硕附近)时已是人困马乏,决定找点吃的、短暂休息一下。此时,旗王府在巴拉嘎顺(今科左中旗舍伯吐新艾勒)驻防的以西日巴、扎木沙为首的旗卫队已经快速追来。嘎达梅林把九人分成两路,向不同方向迅速逃离。嘎达梅林为保护妻子牡丹等人,调转马头迎向追兵。当与追兵接近时,嘎达梅林看出他们,彼此认识,顿时气氛缓和。西日巴与嘎达相谈。他听了嘎达梅林被迫劫狱,为了保护蒙古民众的土地,决心与王公贵族进行斗争后,为嘎达一身正气、不怕权贵、不图升官发财的行为所感动。西日巴、扎木沙二人念及兄弟情谊,决心保护嘎达梅林继续北逃。于是对他率领的追兵下令道:"谁也不要说出我们逮住了嘎达梅林,说出一句,我就灭他九族。"嘎达梅林和西日巴、扎木沙简短商议后,西日巴、扎木沙以继续追捕嘎达梅林为由,带领追兵保护嘎达梅林继续北上,奔向扎鲁特旗。

到了扎鲁特旗,嘎达梅林找到好友福寿(扎鲁特旗军队总长官),向他说出了自己被捕、越狱的事情和想在扎鲁特旗立足、组织人马武装起义反抗垦荒的想法,福寿表示愿意"暗助"嘎达梅林。嘎达梅林与大家商议说:"我们举行武装起义是为了保护蒙古族民众的土地,反抗军阀的疯狂侵占,反对王爷继续出放土地。我们就是要帮助蒙民'打倒测量局,不许抢夺民财'。"[①]起义的弟兄们一致同意嘎达梅林的主张,并拥戴嘎达梅林为起义军领袖。嘎达梅林当即表示:"我们今天走上这条路是王爷和军阀逼出来的,我们组织抗垦军起义是为了保住达尔罕旗蒙民的命根子,只要我活着就决不让他们继续出放辽北荒和西夹荒。"

嘎达梅林领导的起义军举起"打倒测量局,不许抢劫民财"、保住达尔罕土地的大旗,他们袭击垦务局和垦荒军,驱逐测量队,给水深火热中的科左中旗蒙汉民众

---

① 陆文杰主编:《嘎达梅林史料研究》,见科左中旗调查组编《科左中旗档案局有关嘎达梅林的档案资料——民族英雄嘎达梅林材料》,内蒙古出版集团、远方出版社,2014 年。

带来希望。嘎达梅林带领起义军,在洮南一带活动,重点打击东北军小股零散部队,为自己的队伍补充枪支弹药和扩充人员、马匹。

嘎达梅林组建队伍时不分蒙古族汉族,只求志同道合。与科左中旗为邻的吉林省长岭、双辽(曾经是嘎达梅林的家乡)等地的汉族民众,也同样给予起义军队伍支持和帮助。特别是得到了汉族老乡王春的帮助,通过他的引荐,嘎达梅林与汉族起义军首领白龙结识并会合,使抗垦军队伍得到进一步扩充,抗垦军很快从十几个人发展到二百多人。嘎达梅林对白龙的部下作宣传引导:"合作不是当土匪,而是为黎民百姓除害。"扩充后的起义军开始转战昭乌达盟、哲里木盟一带,为保卫广大农牧民的利益而战。①

1930 年初,辽宁省政府荒务局主任韩舍旺率领测量队,在架玛吐一带测量土地,嘎达梅林得到消息,连夜带领队伍赶跑测量队,毁掉丈量土地的牌子,同时烧掉了地主、恶霸、奸商和高利贷者的账簿契约,没收了不义之财。之后,嘎达梅林的起义军不断抄袭荒务局、攻打垦荒军、赶走测量队、拔掉地界碑,大大小小的抗垦斗争不断发生,打乱了王爷和军阀的丈放西夹荒、辽北荒的计划,迫使测量队不敢轻易出来丈量土地,给王爷、军阀的出荒目的以沉重的打击。

嘎达梅林起义后,达尔罕王旗札萨克随即派兵追剿,经过全力搜捕,并无收效。达尔罕王感到仅靠自己的力量不能与起义军对抗,于中华民国十八年农历十一月十九日向辽宁省政府报告,并呈请辽宁省政府查照饬请通辽、辽源二县协助缉拿嘎达梅林。

达尔罕王旗札萨克给辽宁省政府请求通辽、辽源两县协助缉拿嘎达梅林的信函影印件:

达尔罕王旗札萨克给辽宁省政府请求通辽、辽源两县协助缉拿嘎达梅林的信

①　陆文杰主编:《嘎达梅林史料研究》,见科左中旗调查组编《科左中旗档案局有关嘎达梅林的档案资料——民族英雄嘎达梅林材料》,内蒙古出版集团、远方出版社,2014 年。

函原文：

  迳启者，案查，前因假托请求缓放蒙荒之名，鼓动蒙众肆行扰乱，函请贵政府饬拿之孟青山、张瑞、韩生格加力卜、赵瑞堂等四名。自经饬送到旗即交敞旗统领刘震玉带往该营妥为看管在案。兹据该统领电称，震玉率队在旗境剿匪。于十五日，据报十三日夜间，有孟青山家人二十余名，乘营中空虚将伊抢出。内有种种详情俟面禀，刻正追查中。刘震玉叩等因，据此查该孟青山系本旗壮丁，前充本旗统领，因私将陵界所产甜草卖于外人，被敞爵查知撤差究办。渠乃潜避无踪，今秋又假名纠众肆行扰乱，有此二种罪状，是以函请贵政府饬拿。现伊家中人竟敢聚众二十余名，由营中抢逃。似此目无法纪，若不严行查获，处以重典，何足以维纲纪而徼效尤。除电饬该统领迅于追缉，务获送究，一面将其家属监视，家产封禁并将详情速报外，相应函请贵政府，请烦查照，迅饬通辽、辽源二县，饬警协同敞旗统领严行拿办，并请通令各县一体严缉，务获解究。实纫公谊。

中华民国十八年十二月二十七日，辽宁省政府发布了缉拿毁弃家产为匪的嘎达梅林的训令。

中华民国十八年十二月二十七日，辽宁省政府发布缉拿嘎达梅林的训令影印件：

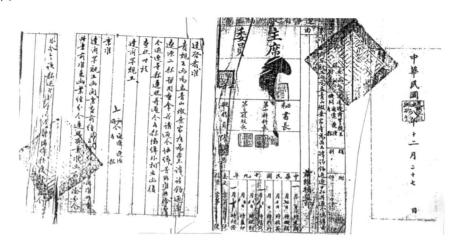

中华民国十八年十二月二十七日，辽宁省政府发布缉拿嘎达梅林的训令原文：

中华民国十八年十二月二十七日

迳启者准

贵亲王函为孟青山毁弃家产为匪不讳,请饬通辽、辽源二县协同查拿,并请通令协缉等因,准此除匪。令通辽等县遵照,并通令各县协缉外,相应函复。查照。

此致

达尔罕亲王训令通辽辽源

通令各县

案准:

达尔罕亲王函开,案查前径□□□□□等因,准此。查此案,前准来函,业经分会,遵照在案,准至前因,除分会外,分会该县迅□□□□□。此令。

辽宁省政府的缉拿、达尔罕王旗蒙兵的围剿,都没有阻止嘎达梅林起义军保护蒙民利益的行动,反而他们受到了蒙民的拥戴。放荒区域蒙民有的主动送来粮食、马匹,有的送来枪支弹药,有的送来情报,有的主动参加起义队伍,使起义队伍迅速扩大,最多时超过一千多人。

中华民国十八年十二月,嘎达梅林起义军攻击的目标集中在"辽北荒"和"西夹荒"地区的测量队,与东北三省陆军测量局直接交锋,破坏其测量结束的标记,烧掉大量的土地契约书。由于嘎达梅林起义军队伍的抗争,迫使辽宁省政府的开垦时间大大延迟。

中华民国十八年十二月十三日,东三省陆军测量局局长冯舜生关于测量工作受到嘎达梅林等袭扰情况向辽宁省政府呈文影印件:

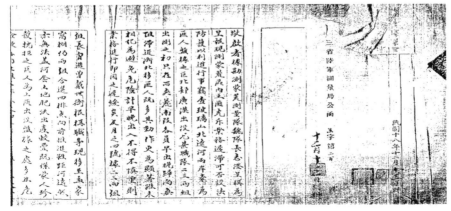

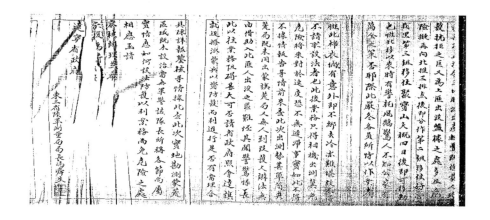

中华民国十八年十二月十三日东北三军陆军测量局局长冯舜生呈文原文：

东北三省陆军测量局公函，函字第二百号

十二月十三日到科

敬启者，据勘测蒙荒测量队魏队长志澄呈称，为呈报现测蒙荒区内土匪充斥，业务迟滞，可否设法防护，以利进行。事窃查玻璃山北，辽河两岸素为匪人盘踞之区，北部广漠出没尤甚，职队二三两组出测之初，只在西夹荒南段，各员早出晚归，均无阻滞。近渐北移，匪人既多，其动作更为显著，虽为相犯，为避免危险计，早晚出入不得不慎重，则业务进行即因之迟缓矣。及月之四号，据二三两组组长□逊曾、戴世衡报称，职等现移至孟家窝棚，仍两组合选四排点向前推进，虽距河远，然亦无法盖河套土地肥沃，出产较丰，既系蒙人珍护抗拒之区，又为土匪出没盘踞之处，多生危险。

拟再向北推三排点后，即分作第二组移住好心窝里，第三组移住巨宝山，大概四日后即可移动也。惟北移以来，时有警耗风鹤惊人，不知公家有万全之策否耶。际此严冬，各员所持以作业者惟此棉衣，倘有意外即不绑去，冷亦难堪，故不得不请求设法者也。此后业务只得相机出测，冀免危险。将来对于速度，恐不无迟滞，事实如此，不得不据情报告等情。前来查此次出测势甚单简，夹荒局既未同出，蒙旗荒局又无人到段，护丈办法无由借助。入此匪人出没之区，难怪其闻警惊悸，长此以往，业务阻碍甚大。可否请省政府照会达旗，就近拨派蒙兵，以资防护，而利进行，是否有当，理合具陈详报，鉴核等情。据此，查此次实地勘测蒙荒区域，既未设治，当无军警，该队长所称各节尚属实情，应如何设法防护，以利业务而免危险之处，相应函请。

察核办理并希示复为荷。

辽宁省政府

东三省陆军测量局局长冯舜生呈

嘎达梅林起义军的抗垦行动，使达尔罕王爷预感到了情况的严重。于是，中华民国十八年十二月二十八日达尔罕亲王针对嘎达梅林起义之事再次向辽宁省政府呈报。

中华民国十八年十二月二十八日，达尔罕亲王向辽宁省政府针对嘎达梅林起义之事递交呈文影印件：

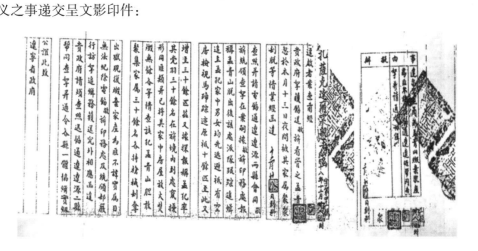

中华民国十八年十二月二十八日，达尔罕亲王向辽宁省政府针对嘎达梅林起义之事递交呈文原文：

扎萨克达尔罕亲王公函　字第四十一号

　　　　中华民国十八年十二月二十八日到

迳启者，案查前经

贵政府拿获饬送散旗看管之孟青山（即嘎达梅林），忽于本月十三日夜间，被其家属聚众劫脱等情业经函达。

十二月二十八日到科。

查照并请电饬通辽、辽源两县，会同散旗统领，查拿在案嗣。

据散旗印务处报称，孟青山脱出后，该处派队跟踪追缉，追至孟犯家中，男女均先逃避，只有空房，检视马蹄踪迹，原只十余匹，至此又增至三十余匹。

兹又据探报称,孟犯率其党羽三十余名,在旗境内到处窜扰,形同匪类,并已将其家中房屋放火焚烧无余各等情。查该犯孟青山胆敢聚集家属三十余名,各持枪械劫夺出狱,现复毁弃家产为匪不讳,实属目无法纪,除电饬敝旗印务处及统领部严行访拿追缉,务获送究外,相应函达。

贵政府请烦查照,迅饬通辽、辽源二县,帮同查拿,并通令各县一体协缉,实纫公谊。

　　　　　　　　　　　　　　　　此致

　辽宁省政府

辽宁省政府接连接到东三省陆军测量局、达尔罕王旗关于开垦蒙荒遭到嘎达梅林起义军窜扰事件的报告后,给达尔罕王旗、东三省陆军测量局下达了派出警队、保护丈放进行的指示。

辽宁省政府给达尔罕王旗、东三省陆军测量局下达了派出警队、保护丈放的指示影印件:

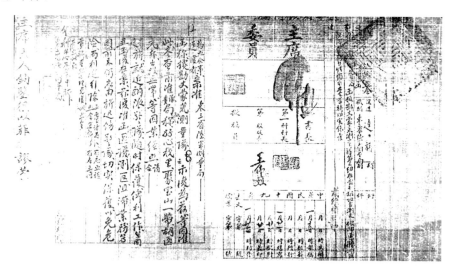

辽宁省政府给达尔罕王旗、东三省陆军测量局下达了派出警队、保护丈放的指示原文:

事由:

东三省陆军测量局函报,勘丈蒙荒测量队第三组,在查干胡地方测丈,被胡匪扰测阻滞业务等情,仍行照令蒙旗切实保护。

函称据勘丈蒙荒测量队云,示复为荷等因准此,案查前准该贵局函称,好心我(窝)里、聚宝山一带,胡匪充斥,出没无常等因,业经照会。请贵达旗,就近酌派警队随时保护,俾利工作等因并函复在案。兹复准函称匪扰测区,阻滞业务等因前来,仍应由旗迅饬警队,切实保护,以免危险而利进行。除函复该局、照会达旗外,相应照请、相应函复。

贵旗查照办理,见复此照会查照。

此致

科尔沁左翼中旗
东三省陆军测量局

丈放东西夹荒事务局奉辽宁省政府之命,不理睬蒙众的强烈反对,依然在护垦队的保护下对辽北荒、西夹荒进行测量。

嘎达梅林起义军的抗垦在东西夹荒活动波及了辽源县。中华民国十九年五月十六日,辽源县长金玉声向辽宁省政府禀报放荒时发生扰乱的情况,并称一孟姓者(即嘎达梅林)召集多数蒙人,在东西夹荒一带窜扰,巩其窜到辽源,请政府派陆军速行防御等。

中华民国十九年五月十六日,辽源县长金玉声向省政府禀报放荒时发生扰乱情况的影印件:

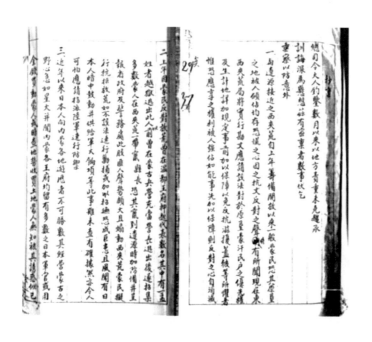

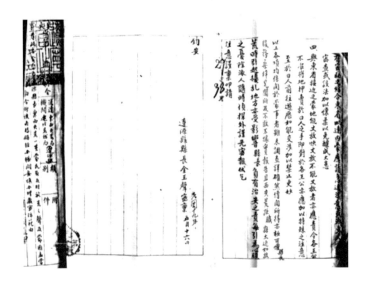

中华民国十九年五月十六日,辽源县长金玉声向省政府禀报放荒时发生扰乱情况的原文:

抄禀:

总司令大人钧鉴,数月以来,以地方责重未克,趋承训诲,深为县想,兹有密禀者数事伏乞。

垂察以防意外。

一、与辽源县接近之西夹荒,自上年筹备开放以来,一般蒙民恐其原垦之地被人占领,均存恐慌之心,因之抗丈反对之声时有所闻。现在东西夹荒局将实行勘丈,请设法对于原垦蒙汉户优先权及生计地详加规定,事前加以保障,以免反抗滋扰盖彼等。所惧者唯恐应享之权利被人强占,如能事先加以保障,则反对之心自消减矣。

二、上年,因蒙民反对放荒,曾在温都王府押起代表数名。其中有一孟姓者,越狱逃出。此人以前曾在蒙古兵营充当营长,逃出后,遂招集多数蒙人,在西夹荒一带窜。县长恐其窜到辽源,时加防备。并呈报省政府及警务处,此股匪人声势颇大,且煽动西夹荒蒙民,拟行抗拒放荒。如不设法,速行剿捕,或加以招抚,恐成巨患。且风闻,有日本人暗中鼓动,并供给军火饷项等。此事虽未查有确据,然亦令人可怕,应请指派陆军速行防御。

三、近年以来,日本人向内蒙各地游历者不可胜数,其经营蒙古之野心急如星火。并闻内蒙各王府均留有多数之日本军官,或用金钱买动蒙人或暗查地势收买土地，蒙人无知或被其诱惑，似已有私密之结合。东省毗连内蒙，应请急送，注意或派专人前往审查，或设法加以怀柔，以免酿成大患。

四、与东省接近之蒙地能丈放、快丈放。不能丈放者亦应责令各王公，不准将地卖于日人之手，即对于各王公，亦应加以特殊之注意。至于日人前往游历，如能交涉加以禁止更妙。

以上各项均系关于蒙事者，虽未调查详确，然传闻所得亦极可信。

县长服务桑梓见闻所及，不敢不据实报告。且西夹荒距职县太近，如放荒时引起扰乱地方，亦受影响。县长负有治安之责，每引为心腹之忧，除派人随时侦探外，谨先密报伏乞。

注意谨禀，叩请均安。

辽源县县长金玉声密禀

中华民国十九年五月十六日

嘎达梅林起义抗垦的斗争声势颇大，起义军打击测量队不仅在辽源县附近，也波及了通辽县。中华民国十九年五月二十一日，通辽县长王澄波也向辽宁省政府呈文，报告了"嘎达梅林队伍在县北蒙荒界、老河北那木斯，距县一百四十余里，并在烟灯吐一带率领一百五十余人，盘踞八九日，动员开垦地区的蒙古群众阻止测量工作"的情况。

中华民国十九年五月二十一日，通辽县长汪澄波关于嘎达梅林起义活动的呈文影印件：

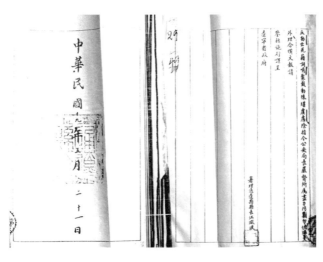

中华民国十九年五月二十一日,通辽县长汪澄波关于嘎达梅林起义活动的呈文原文:

呈为具报,孟统领、红顺率匪一百五十余人,在王荒外界,以抗出荒为词,哨聚扰害情形,请鉴核事。案据公安局长谢长海报称,窃于本月十二日晚,据新爱力住民王占桥报称,县北蒙荒界,老河北那木斯,距县一百四十余里,并在烟能吐一带,有孟统领及红顺率领胡匪一百五十余名,盘据八九日,逐日破窑抢掳扰害等情。报告前来,正拟呈报间,复据匿名报告称民河北粮户,种地五方,于本月五日,匪首孟统领、红顺由山里来此,带领人一百五十余名,民看多日无人去打,民受害太甚。他项蒙人有运送子弹情事,声言出荒之说,蒙民尽有反心,现今在烟(灯)吐扰害,请出队剿捕,于民出害各等情。据此,局长覆查,该匪首孟统领、红顺率领匪徒一百五十余名,到处扰害,并未在境内,盘据王荒外界。该匪哨聚,鼓动蒙民,以出荒籍词,恐将来有无知愚民,奋臂为患,星火燎原。理合报告,钧鉴等情前来。查孟统领、红顺率匪一百五十余名,盘据王荒外界,到处扰害,并以反动出荒籍词,哨聚鼓动殊堪虞虑,除指令公安局长严督,所属尽力防剿,勿使滋蔓外,理合备文报请,请鉴核施行。

谨呈辽宁省政府

署理通辽县长汪澄波
中华民国十九年五月二十一日

呈文中详细表述了嘎达梅林的起义军在两荒测量地区,组织了一百五十余人袭击测量队,使测量队产生恐慌的情况。嘎达梅林起义军的抗垦行动,引起了辽宁省政府的不安,东北边防司令长官张学良下令,派出武装部队配合测量。

中华民国十九年五月二十七日,东三省司令长官张学良命令骑兵一旅派队驻辽北荒,保护测量队影印件:

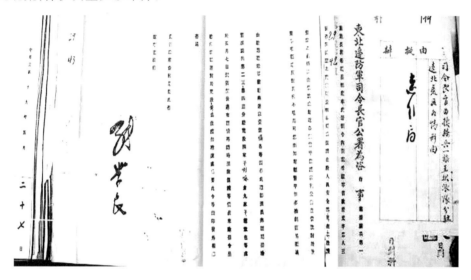

中华民国十九年五月二十七日,东三省司令长官张学良命令骑兵一旅派队驻辽北荒,保护测量队原文:

事由:

司令长官为据骑兵一旅呈报,派队分驻辽北荒段各情形由

东北边防军司令长官公署为咨行事

案据骑兵第一旅旅长郭希鹏呈称,案奉钧署训令内开,案准辽宁省政府元字第八三号咨开。

据辽北荒务局呈称,本局为保护在段人员安全起见,在未设护垦队之前,得请由蒙旗或邻近各县警甲保护,以利公务。查蒙旗对于放荒事项极端反对,其兵不堪用,可想而知,邻县警甲无多,抽调剿匪,拟请由驻通辽陆军拨驻两连,以资震慑各等因。奉此遵,即派员与该局接洽,暂派骑兵第二团第四连分驻荒段四家子、喇嘛仓、九家子、赵敖包等处。于五月七日到防,嗣后遇有匪情,再随时派队保护等情前来除指令呈悉仰饬该连,对于荒段妥为保护,勿稍疏虞为要。此令,等因印发外,相应咨请。

贵省政府查照是荷。此咨。

辽宁省政府

张学良（签字）

中华民国十九年五月二十七日

　　达尔罕旗警队、东三省陆军测量局护垦队和骑兵一旅也没能阻止嘎达梅林起义部队的抗丈行动。东三省陆军测量局的测量队照样受到袭击。

　　中华民国十九年六月十一日，东三省陆军测量局局长冯舜生关于测量队遭到蒙民袭击给省政府的信函影印件：

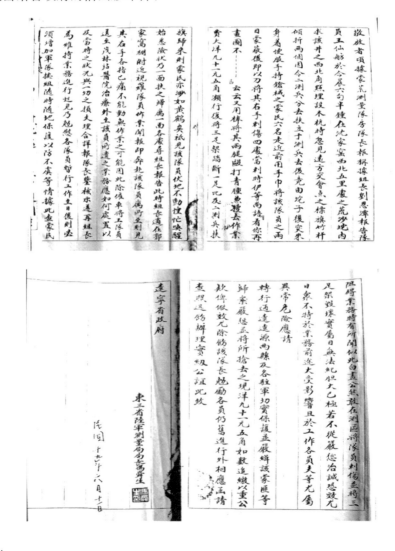

中华民国十九年六月十一日,东三省陆军测量局局长冯舜生关于测量队遭到蒙民袭击给省政府的信函原文:

敬启者顷,据蒙荒测量队房队长报称,据组长刘恩泽报告,队员王仙舫于今晨六点半钟,在沈家窑西北五里处之荒沙坨内,求该井之西北角点埋设木桩时,忽见远方交会点之标旗竹竿倾折两个,因令二测兵分去扶立。于测兵去后,竟由坨子后突来身着便服、手持枪械之蒙民六名,走近前用手巾将该队员之两目蒙蔽后,即以刀将其右手刺伤四处。当刺时伊等尚语:"看你还画图不"云云,又用棒将其两腿殴打青肿,并搜去作业费大洋九十一元五角。濒行复将三足架踏断一足。比及二测兵扶旗归来,则蒙民亦渺如黄鹤矣。只见该队员伏地不动,惶忙唤醒,始悉险状,乃一面扶之归寓,一面各处寻组长报告。此时组长适在郭家窝棚附近,视罗队员作业。闻报即奔赴该队员寓所,至则见其右手各指已痛不能动,无作业之可能。因此,除雇车将王队员送至茂林站医院治疗外,至该员所遗之业务应如何处置,以及当时之状况,与一切之损失,理合详报队长,鉴核示遵。再组长为维持业务进行起见,乃勉慰各队员暂行工作至日后,则必须增加军队,按组随时随地保护,以防不虞等情。据此,查蒙民阻碍业务时有所闻,似此白昼公然敢在测区将队员刺伤,并将三足架毁坏,实属目无法纪,胆大已极。若不从严惩治,诚恐效尤,日众不特于业务,前途大受影响,且与工作各员夫等尤属异常危险。应请转行通辽、辽源两县及各驻军,切实保护并严缉该蒙匪等,归案严惩。并将所抢去之现洋九十一元五角如数追缴,以重公款,俾儆效尤。除饬该队长勉励各员仍旧进行外,相应函请查照,迅饬办理,实纫公谊。

此致

辽宁省政府

东三省陆军测量局局长冯舜生
中华民国十九年六月十一日

中华民国十九年六月十六日,东北政务委员会发出训令第二七九三号,命令派军队防剿蒙匪孟营长(即嘎达梅林)。

中华民国十九年六月十六日,东北政务委员会第二七九三号的训令影印件:

中华民国十九年六月十六日,东北政务委员会第二七九三号的训令原文:

事由:

政委会令为辽源县长禀西夹荒一带蒙民,有反对放荒之声及蒙匪孟营长窜扰,请派军防剿,令仰该府转饬经办机关办理,严密防范由

东北政务委员会训令行字第二七九三号

令辽宁省政府

中华民国十九年六月十六日到

为令知事案准

东北边防军司令长官公署咨开,为咨行事案,据辽源县县长金玉声密禀略,谓与辽源接近之西夹荒一带,蒙民有反对放荒之声,请对该地民户之优先权及生计地加以保障,及蒙匪孟营长(即嘎达梅林)窜扰,请派军防剿并某国人对蒙古经营之野,请饬注意各等情。除关于派军一层,已另案办理外,相应抄具原禀,咨请贵会查照核办是荷。附抄禀一件等因。准此,除咨复外,合亟抄禀,令仰该省政府转饬经办机关,妥慎办理,严密防范是为至要,此令。

附抄禀一件

东北政务委员会之印

中华民国十九年六月十三日

中华民国十九年七月十四日，辽北荒务局总办张成箕向省政府呈报蒙民抗丈西夹荒情况影印件：

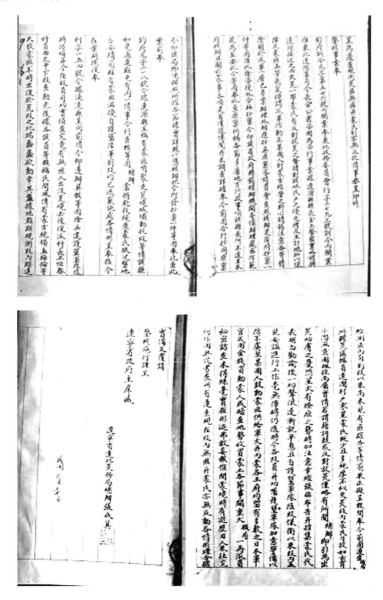

中华民国十九年七月十四日，辽北荒务局总办张成箕向省政府呈报蒙民抗丈西夹荒情况原文：

呈为遵查现测荒区无匪并蒙民刻亦无反抗情事恭呈仰祈

鉴核事案奉

钧府训令元字第五七六号,内开案奉,东北政务委员会行字二七九三号训令,内开案准东北边防军司令长官公署咨开为咨行事案,据辽源县县长金玉声密禀略谓,查辽源接近之西夹荒一带,蒙民有反对放荒之声。请对该地民户之优先权及生计地加以保障,及蒙匪孟营长窜扰,请派军防剿,并某国人对蒙古经营之野心,请饬注意各等情。除关于派军一层已另案办理外,相应抄具原禀,咨请贵会核办是荷,附抄禀件等因,准此。除咨复外,合极抄禀令仰,该省政府转饬经办机关妥慎办理、严密防范,是为至要。此令等因,奉此查原禀所称各节,多属地方行政事项。该县长何不迳呈查府核办,且关于蒙事各项,是否仅据传闻,并未调查详确,奉令前因合行,抄同原禀,令仰该局即便按照所指各节,据实详报以凭核办。此令,附发抄禀一件等因,奉此查其案前奉。

钧府元字二一八号令,据辽源县县长称,有蒙匪哨聚夹荒境域,煽动抗段等情。该县如是,通辽难免有同一情事,令行查报等因。总办当将赴段视察蒙民状况暨地方安靖,前虽有蒙匪滋扰,自护垦陆军到段,均已逃窜他处,各情形呈奉指令在案嗣后复奉。

利字一五四号令,据通辽县呈同前情,令仰遵办,具报等因。除函达护垦军队随时防缉,并令在段员司切实侦察究竟,有无匪人出没荒境。去后复派科长王恒春、科员曲允中下段查勘。先后据各该员等报称,民间风传有蒙古统领孟梅伦等大股蒙匪不时出没于荒段之北端,蠢蠢欲动,幸其盘据地点距现测段内颇远,经测区内自到段以来,尚未见有匪踪各等情前来。正拟呈报间,奉令前因遵查。职局所辖荒区幅员辽阔,村户零星,蒙民既少且多纯厚,不似夹荒段内蒙民刁狡如云宵小潜滋,意图劫掠,尚属实情。若谓籍词蛊惑,反对放荒仅略有所闻。总办即引为出荒切肤之尤,恐星火有燎原之势,时加注意,幸经张贴布告,并招集蒙民代表明白劝谕后,一切声浪逐渐就平息。且自护垦军队随段保护以来,段内并见安谧进行工作,毫无障碍,仍随时令各段员并切嘱护垦军队加意警备,以防不虞。至某国人鼓动蒙匪供给军火,并内蒙各王府均留有多数之日本军官,或用金钱买动蒙人,或暗查地势,收买蒙土各节事关重大。职局一再派员秘密访查,未得丝毫实在形迹,弗敢妄报。惟闻蒙境时有游历日人来往,究何作用,无从考查。所有遵查,现在段内无匪,并蒙民亦无反动各情形,理合据实备文覆请。

鉴核施行

谨呈辽宁省政府主席臧

辽宁省辽北荒务局总办张成箕

中华民国十九年七月十四日

辽宁省辽北荒务局总办张成箕的呈文强调,嘎达梅林的抗垦阵营,以远方的北部山区作为根据地是有利的,有扩大的趋势,应加强警备。

中华民国十九年八月十四,丈放东西夹荒事务局总办刘效琨关于查复辽源县长金玉声密函事项给辽宁省政府主席的信函影印件:

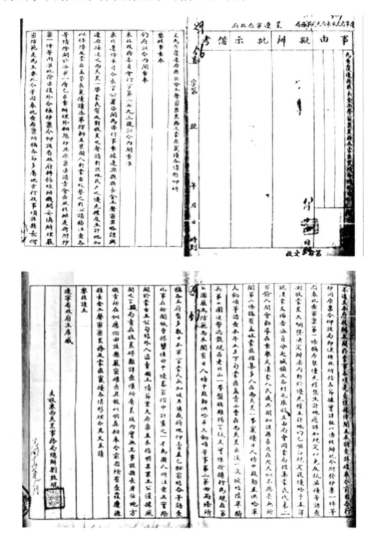

中华民国十九年八月十四,丈放东西夹荒事务局总办刘效琨关于查复辽源县长金玉声密函事项给辽宁省政府主席的信函原文:

辽宁省丈放东西夹荒事局呈辽宁省政府

事由:

为查复辽源县长金玉声密禀荒务及蒙匪窜扰各情形由

八月十四日(章)到

呈为查复辽源县长金玉声密禀荒务及蒙匪窜扰各情形仰祈

鉴核事案奉

钧府训令内开案奉

东北政务委员会行字第二七九三号训令内开案准

东北边防军司令长官公署咨开,为咨行事案。据辽源县长金玉声密禀,略谓与辽源县接近之西夹荒一带,蒙民有反对放荒之声。请对该地民户之优先权及生计地加以保障,及蒙匪孟营长窜扰,请派军防剿。并某国人对蒙古经营之野心,请饬注意各等情。除关于派军一层已另案办理外,相应抄具原禀咨请贵会,查照核办。是何时抄禀一件等因。准此,除咨复外,合极抄禀。今仰该省政府转饬经办机关,妥填办理,严密防范,是为至要。此令等因,奉此查原禀,所称各节,多属地方行政事项,该县长何不迳至本府核办。且关于蒙事各项是否,仅据传闻,并未调查详确,奉令前因,合行抄同原禀。令仰。

该局即便按照所指各节,据实详报,以凭核办。此令附后,抄禀一件等因,奉此查密禀。第一条,称原垦优先权暨生计地应详加规定,以免反抗滋扰等语。查测放蒙荒大纲暨决定办法内,对于优先权生计地均已明白规定,从优给予。并译就汉蒙文布告,派员分赴城镇及各村屯张贴。并由局会同蒙局召集蒙民代表一百余人开会劝导在案。举凡汉蒙人民咸共闻知。该县长近在咫尺,似不应毫无所闻。第二条,称有孟姓蒙匪召集多人,在西夹荒一带窜扰,日人暗中鼓动,并供给军火饷项等语。查本年五月下旬,蒙匪孟青山,曾在西夹荒出没一次。旋经陆军骑兵第七团追击逃散,现在老北山一带盘踞,虽扬言抗丈,实系抢掠行为。现在第七团严为防范,尚未闻有日人暗中鼓动,供给军火饷项等事。第三、第四条所称各王府有多数日本军官,蒙人无知被其诱惑,将地押卖并以秘密结合等语。查此事在新闻纸曾揭露,系日中侵略密折中计划之一,早为国人所注意。其实际关于蒙古王公勾结外人盗卖国土,情节重大,原禀并未指明某某王公。仅据风闻之言,职局责在放荒,碍难详查,唯所属荒段内实无其事。该县长身任地方职责所在,似应仍由该县严密确查,具报以明真相,奉令前因所有查覆。辽源县长金玉声密禀荒务及蒙匪窜扰各情形,理合具文呈请。

　　鉴核

　　谨呈辽宁省政府主席臧

丈放东西夹荒事务局总办　刘效琨

中华民国十九年八月十四日

　　丈放东西夹荒事务局总办刘效琨呈文中,对辽源县长金玉声向辽宁省政府的禀报存有异议。呈文认为,嘎达梅林的抗垦队伍,以北部山丘地带作为基地,起义者以"抗丈"为口号,并没有日本人支持。

　　西夹荒丈放过程中,不仅有台吉、壮丁,蒙民和嘎达梅林的起义军的反对和阻止,而且也有天灾影响测量和丈放。

　　中华民国十九年九月七日,蒙民代表包敖木涛等所称地方遭遇水灾,房屋倒塌,食宿困难,请暂时停丈,丈放东西夹荒事务局总办刘效琨根据蒙民呈报,提出暂时停止一个月丈放。

　　中华民国十九年九月七日,丈放东西夹荒事务局总办刘效琨根据蒙民呈报提出暂停一个月丈放,向辽宁省政府呈文影印件:

中华民国十九年九月七日，丈放东西夹荒事务局总办刘效琨根据蒙民呈报提出暂停一个月丈放，向辽宁省政府呈文原文：

呈为具覆蒙民代表包敖木涛、潘砚台等请求停丈，以维民命一案，业于九月一日实行停测。

仰祈鉴核事。案奉钧府指令。据西夹荒蒙民代表包敖木涛、潘砚台等呈，为暂时停丈，以维民命等情，令开呈悉。该代表等所陈各节，是否属实，仰东西夹荒局迅即查明，并拟具意见呈覆，以凭核办。呈抄发此令，等因。奉此遵查。

该代表包敖木涛等所称地方被水，房屋倒塌，食宿困难，请暂时停丈，以免滋扰等语，尚属实情。业与测量队、蒙荒局商允，于九月一日起实行停测一个月，将在段人员全行撤回，并已呈报在案。奉令前因，除俟水势退减，禾稼收割时，再行继续出测外，理合具文呈请。

鉴核谨呈。

丈放东西夹荒事务局总办刘效琨
中华民国十九年九月七日

为了保障丈放东西夹荒测量工作，省政府派出的护垦军队，随同夹荒事务局测量队工作。然而，在具体丈量荒段过程中，省政府所派护荒队，竟然以权行事，横行暴敛，对荒段内的民夫、牲畜随意征用。村民行动稍有迟缓，动辄实行打骂，闹得丈放区人心惶惶，民不聊生。因此，荒段内大族长敖木涛以西夹荒民众代表名义，向西夹荒事务局朱文徽具情报告，并提出以当地民团来代替护荒队，执行保护测量工作。西夹荒事务局朱文徽将此情况，转报给哲里木盟副盟长科尔沁左翼中旗扎萨克和硕达尔罕亲王那木济勒色楞。中华民国十九年九月二十日，哲里木盟副盟长科尔沁左翼中旗扎萨克和硕达尔罕亲王那木济勒色楞，以科尔沁左翼中旗札萨克公署公函名义，转报辽宁省政府，请求核准施行。

中华民国十九年九月二十日，哲里木盟副盟长科尔沁左翼中旗札萨克公署公函影印件：

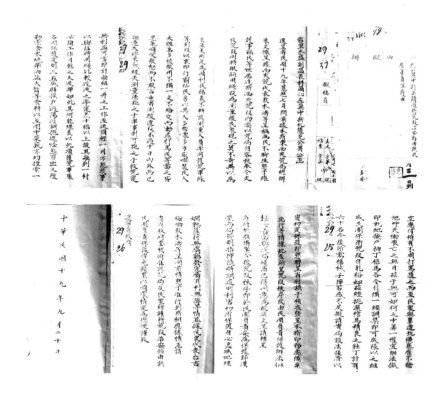

中华民国十九年九月二十日,哲里木盟副盟长科尔沁左翼中旗札萨克公署公函原文:

事由:

左翼中旗呈请准将荒段治安饬由该民团负责保护由

十月三日收到

哲里木盟副盟长科尔沁左翼中旗扎萨克公署公函。

迳呈者,民国十九年旧历七月间,案据本旗东西夹荒总办朱文徵呈,据西夹荒代表敖木涛等呈称;为民不聊生,恳予维护事。窃民等世居达旗西夹荒段内,委以荒局自客秋奉令丈放荒段,同时取消用绳改为测量后,民众视之,莫不奇异。以为良法美术,足为国利民福矣。不料该测量人员,率同护荒队等,到段以来,即行霸占民房。以其人多势众,多方威吓,农民人夫、牲畜多被征用。不独一文不给,反而动辄打骂。民等当之,皆忍气顺受,敢怒而不敢言。意者测竣迁段,不过十日内外而已,讵意大谬不然。缘夫测量法,施之于军事则可,施之于放荒,寔无利益可言。即计每组一井之工作,至速须经一月方能竣事。以与往时用绳比较,迟速之率,实差十倍以上。故其每到一村,必须工作月余之久。迟滞如此,其何能堪良。以此项护荒军队,名固保护,实则三五成群,挨户游荡,淫词挑逗,怪态百出。又复勒索食米、烧柴、油、盐、大酱等食料,以至园中蔬菜,亦均搜索一空。应付稍有不周,打骂随之而至。民众无辜,遭此横暴,靡不抢地呼天,恸丧亡之无日,兹于无可如何之中。筹一权宜办法,拟即就地按户抽丁,枪马各令自备,一经调集,即可成队。以之组织民团,保护荒段,自能裕如。兹经挑选枪马精良之壮丁,计有六十名。今后所需枪械子弹若感不足,拟请贵局设法接济,以资切实保护。即恳转呈省府,请予核准暨呈本旗印务处备案施行等情。据此查所呈荒段秩序,改由民团负责,保护办法,拟极妥善,当与汉局磋商,已得同意。为敢具文呈请,转呈省府核准备案。今后荒段秩序,即饬民团负责,妥为保护,归汉蒙两局节制指挥,随时调遣。则利害切肤,保护自必尽职。地理娴熟,佳苻无虞,窃发实属有利无弊等情。并据民众代表台吉、梅伦敖木涛等,呈同前情,恳予准行到旗,相应据情函请贵省政府鉴核俯准。该荒局及民众所请,将荒段治安饬由该民团负责保护,俾免扰累,以顺蒙情,实为德便。

谨致辽宁省政府

中华民国十九年九月二十日

中华民国十九年九月二十四日,丈放东西夹荒事务局总办刘效琨向辽宁省政府主席禀报测量队强占民房,垦区请求组成民团护垦等情形影印件:

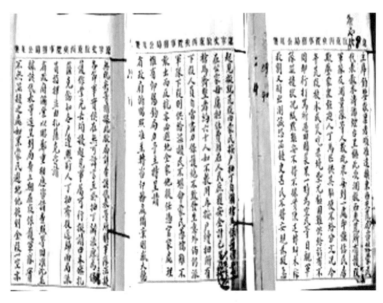

中华民国十九年九月二十四日,丈放东西夹荒事务局总办刘效琨向辽宁省政府主席禀报测量队强占民房,垦区请求组成民团护垦等情形原文:

主席钧鉴

敬禀者顷准达旗东西荒局咨,据蒙民代表敖木涛、潘烟台呈称,此次测放西夹荒所有护段军队及测量队等,人数既众,每到一处,既强占民房,欺压蒙众,强迫人丁马匹供其驱使,不给分文。况今年荒段被水成灾,吃米烧柴尤极困难。供给稍有不周,即行打骂,所过田园菜果一时为空。民等目视军队滋扰状况,缄默难安,不得不据实陈述。转瞬禾稼收割,又将出测,诚恐滋扰更甚,民不得安。现为救急起见,拟就荒段内蒙民按户抽丁,自备枪马保护作业。在公家毋庸担任费用,在人民庶获安全计。已筹妥枪马齐整者约六十人,如不敷用,再按户续抽。所有下段人员,自当尽力保护,绝不致发生意外。倘仍派军队下段,则供给、滋扰,民不堪命,蒙民愚懦,虽然不敢出而反抗,亦必避地,全家他徙,任凭官家处理,惟有仰垦,钧局力予主持呈请。

省政府赐照准,并转咨印务处备案,则感大德无既矣等情。据此,敝局详查该代表等所称军队滋扰各节,事实俱在,无可讳言。至于抽丁办法,原为保护作业免去烦扰起见,事属可行。拟请由本旗札萨克,饬知各户遵照,将人丁抽齐后,迳归两局派员指挥,并由札萨克咨请。

省政府备案，以昭郑重。相应咨请查照等因准此，并据该代表等迳呈到局，查上期在段保护军队实不无滋扰之处。如果蒙民避地他徙，则全段一空，亦非放荒安边之意。该代表等所请抽丁保护，详加审核，并一再与蒙荒局人员讨论金谓，决无妨碍。惟此项办法有应斟酌者数事，测量全体下段工作时，约需民团百人上下，非有素负众望人员督饬不足以专责成此，应预行选定一也。枪械虽暂时由民户自备，而子弹应如何设法接济二也。服装薪饷应如何就地筹给三也。以上三项非有，确定办法后，不足以策进行。现在屯基组、调查组、图样组均已先后下段，即由抽出民团四十人先行保护。除随时察看实际情形如何暨与蒙荒局核议妥协，再正式呈报外，谨将蒙民请求抽丁保护情形，先行禀请。

鉴核伏乞

垂察

丈放东西夹荒事务局总办刘效琨

中华民国十九年九月二十四日

中华民国十九年十月一日，丈放东西夹荒事务局总办刘效琨为具报奉派护垦军队现已奉令开拔谨请鉴核备案由，向辽宁省政府呈文影印件：

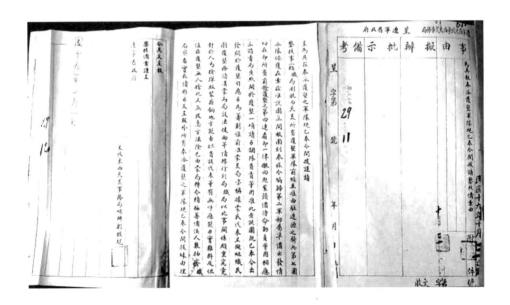

中华民国十九年十月一日，丈放东西夹荒事务局总办刘效琨为具报奉派护垦军队现已奉令开拔谨请鉴核备案由，向辽宁省政府呈文原文：

辽宁省丈放东西夹荒务局呈辽宁省政府

事由：

为具报奉派垦军队现已奉令开拔,请鉴核备案由

呈为具报奉派护垦之军队现已奉令开拔。谨请。

鉴核事,窃职局测放西夹荒所有护垦军队,前经至准,由驻辽源之骑兵第七团派队保护在案。兹准该团函开,敝团刻奉旅令编归第二军部属准备出发。情切在即,所有前拨护垦之第四连队,一律撤回。赶紧预备待命动员等因,相应函请贵局查照。关于护垦一项,请另调队负责等因,准此。查该团既已奉命出发,关于护垦自应另为筹划。惟前准蒙荒局咨称,据蒙民代表呈,拟组织民团护垦,务请汉蒙两局设法援助等情转行到局。职局以此事关系严重,究竟对于人马、枪弹、服装、薪饷,地方能否担负,该代表等有无呼应能力,实难料及。但值此护垦无人枪,此又无救急方法,除已由蒙局转令,积极筹备,俟人数抽齐,职局察看实在情形另文呈报外,所有奉派护垦之军队,现已奉令开拔,缘由理合具文,呈报。

鉴核备案。

谨呈辽宁省政府

丈放东西夹荒事务局总办刘效琨
中华民国十九年十月一日

中华民国十九年十月二十一日,丈放东西夹荒事务局总办刘效琨为具报蒙民代表敖木涛等情愿自组民团协助护垦事,给省政府呈文影印件：

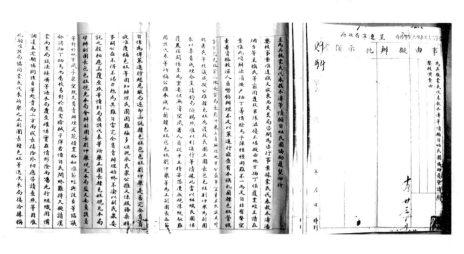

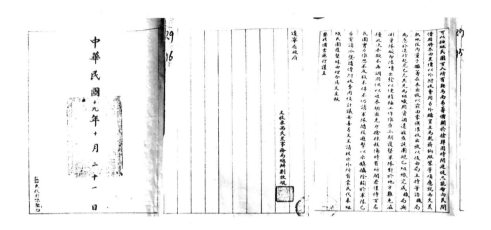

中华民国十九年十月二十一日,丈放东西夹荒事务局总办刘效琨为具报蒙民代表敖木涛等情愿自组民团协助护垦事,给省政府呈文原文:

辽宁省丈放东西夹荒事务局呈辽宁省政府

事由:

为具报蒙民代表敖木涛等情愿自组民团,协助护垦,请鉴核备案由

呈为具报蒙民代表敖木涛等情愿自组民团协助护垦,仰祈。

鉴核事案准,达旗丈放东西夹荒局咨开,为咨行事案。据蒙民代表敖木涛、潘烟台等呈称,民等前因护段军队滋扰不堪,拟由地方抽丁保护,业经呈请在案。惟此项办法须按户抽丁,筹备枪马子弹,种种困难不一而足。自非有声望素著资格较深人员督饬办理,不足以策进行。兹查有本旗札兰韩舍旺、管旗章京包色旺、前三林安垦局长刘仲举三员,办理地方公益事宜,素具热诚,成绩昭著。民等核议成,拟公推韩舍旺为护段民团正团长,包舍旺、刘仲举为副团长,以专责成。理合呈请钧局俯赐照准,以利进行等情。据此,当以组织民团保护荒段,关系至为重要,但无资望夙著人员从中主持,亦恐漫无规律统驭难周。该代表等所称,公推本旗札兰韩舍旺、包色旺、刘仲举等为正副团长,各节自系为俾策进行起见,敝局遂即函讯韩舍旺、包舍旺、刘仲举是否完全负责,旋准覆称。舍旺等因知办理民团困难极多,但暨承民众公推,又系服务桑梓,事关公益,不得不竭力勉为其难,自当完全负责办理,始终不渝,以副民众委托之殷,相应函覆查照等情到局。查该代表等所举正团长韩舍旺现充本局帮办,副团长包色旺现充本局会办,副团长刘仲举现充本局鉴丈委员,该员等对于地方风乎众望,既允负责办理,定能措置裕如惟节。经与该员等协议金谓抽丁抽马尚属较易,对于应需枪械子弹,若借自民间终难持久,拟请汉蒙两荒局设法接济等语。本局覆查,确系实在情形。除面嘱先行组织用备调遣,并定期协同该员等赴贵局三方面从长接洽外,相应咨请查照等因,准此。嗣经该局协同蒙民代表所举之正副团长韩舍旺等迭次来局接洽。据称可以抽组民团百人,所有鞍马尚易筹备,关于枪弹因时间迥促,只能暂向民间借用,将来由荒价以外附收费用另外购买,至马乾薪饷服装等项,应就西夹荒熟地段内量于摊筹。在本出放以前,由蒙旗催收,出放以后由局主持等语。职局为急于进行起见,允其先为组织用资调遣。兹查该团已经组织完成,职局与测量队拟即陆续出发,以便积极工作。惟查上期护垦军队对于地方难免滋扰,此次本拟不再调用。但以近来胡匪充斥,抢掠杀伤时有所闻,若仅恃百名民团,实力惟恐不及,故不得不仍请军队随段游击,以示震慑。除关于军队已另电请派,暨随价附收费用俟计议妥善,另文呈请核示外,所有蒙民代表组织民团护垦缘由,理合具文呈报。

鉴核备案施行
谨呈辽宁省政府

丈放东西夹荒事务局总办　刘效琨
中华民国十九年十月二十一日

中华民国十九年十二月十七日,辽北荒务局总办战涤尘向省政府报告嘎达梅林活动情况的公文影印件:

中华民国十九年十二月十七日辽北荒务局总办战涤尘向省政府报告嘎达梅林活动情况的公文原文：

辽北荒务局呈辽宁省政府

事由：

呈为报明胡匪保团等在荒段窜扰情形仰祈鉴核由

十二月十七日到

呈为报明胡匪保团等在荒段窜扰情形仰祈

鉴核事，本月十日，据马科长长恩报称，前奉局令会查，已测段内台壮户口，于本月三日由疏通营子移至喇嘛苏利葛。适值窜来大股胡匪保团（即孟统领）、天红、高山、红顺、满天红等三百余人，盘据后格楞巴哈明营子、二蓝套布一带，西距喇嘛苏利葛仅五六里，肆行枪绑四五日之久，始行东窜至大火房地方（距喇嘛苏利葛三四十里），科长等因公务紧迫，不得不冒险工作，以免功亏一篑。为此呈报鉴核等情。据此。查孟梅伦前曾为蒙旗统领，此番为匪，报字保国，用意已不可测，非寻常胡匪可比。而各县剿匪又往往以驱逐出境。为肃清该匪等因，得以负崝蒙边，难免不养痈成患，于荒务进行影响甚巨，究应如何剿办，以弭隐忧之处理合呈请。

鉴核施行

谨呈辽宁省政府

辽北荒务局总办战涤尘（章）

中华民国十九年十二月十七日

此份呈文反映了嘎达梅林起义一年来的活动情况，从另一个角度说明了起义军反对军阀、反对王公的正义行动得到了民众的支持，起义军迅速扩增到 300 余人，汉人对起义趋势也感到非常惊讶。同时指出，嘎达梅林曾经是蒙旗的统领，与普通的"胡匪"截然不同，警告说，如果不将起义军彻底除掉，会给垦务的进行带来重大影响。

中华民国二十年五月八日，辽北荒务局总办战涤尘向省政府呈为遵令择定五月五日起，把已经测量的老河南西段七十三井各等则生熟荒及镇村基地并检同布告底稿三纸仰祈。其影印件如下：

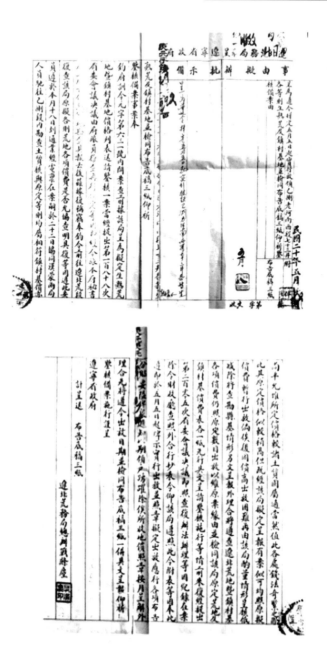

中华民国二十年五月八日，辽北荒务局总办战涤尘向省政府呈文原文：

辽北荒务局呈辽宁省政府

事由：

呈为遵令择定五月五日起,实行放领已测老河南西段七十三井各等则生熟荒及镇村基地并检同布告底稿三纸仰祈鉴核备案由

五月八日(章)到

呈为遵令择定五月五日起,实行放领已测老河南西段七十三井各等则生熟荒及镇村基地并检同布告底稿三纸,仰祈。

鉴核备案事案奉

钧府训令元字第六三一号内开。案查,前据该局呈为拟定生熟荒地暨镇村基地价格列表送请鉴核一案,当经提出第一百八十八次省委会议决议,由府派员复查,再行核定等因。即经今派本府秘书及委员王伟烈实地勘查。具报,去后兹据覆称,窃奉钧令,前往辽北荒段复查,该局原拟各则荒地各项费用是否允协查明具覆等因。遵此,委员于本月十八日到通,业经电禀在案。嗣于二十二日协同汉蒙两局人员,驰往已测段内,勘查土质,核与原定则均属相符,镇村基价亦尚平允,惟所定价格较诸土质固属适当。然值此各处钱法奇紧之际,比其原定价格似较稍高。但既经该局拟定,呈报有案,似可均照原拟价费暂行出放倘俟。后因价高出放困难,再由该局酌量情形呈核低减。除将查勘县基情形另文呈报外,理合将遵查辽北荒地暨镇村基各项价费,仍然照原定数目出放,以维原案缘由,并检同该局原定荒地及镇村基价费表各一纸,先行具文,呈请鉴核施行等情。前来复经提出第二百零五次省委会议决议,即照查复办法办理等因,记录在案。除令财政厅查照外,合行抄表令仰该局遵照此令附表等因。奉此遵,既于五月五日起,牌示实行出放,并照章拟定出放,应行各项布告分贴要隘,俾众周知,以期领户踊跃。除俟所收地价照章按月呈解外,理合无将遵令,出放日期并检同布告底稿三纸,一并具文呈报。仰祈。

鉴核备案施行
谨呈辽宁省政府

计呈送布告底稿三纸

辽北荒务局总办战涤尘(章)

中华民国二十年五月二十八日,达尔罕旗蒙民刘福山王潮东包敖木涛、唐国权四人向辽宁省政府状告韩瑞亭、潘颜台、唐尼玛、王安、赵锡久、徐佐亭、孟广和、吴窗户等聚众结党私通蒙匪及日人抗丈事。

中华民国二十年五月二十八日,达尔罕旗蒙民告状信影印件:

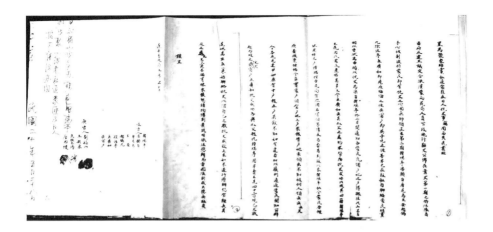

中华民国二十年五月二十八日，达尔罕旗蒙民告状信原文：

　　呈为聚众结党私通蒙匪及日人抗丈事，窃因西夹荒案经

　　省府及达王议定，合派汉蒙两局人员下段，施行勘丈公布在案。丈第一期之时，汪队员手心被刺，彼时蒙民即有抗丈之心，因无帅领及至第二期韩瑞亭、潘颜台、唐尼玛、王安、赵锡久、徐佐亭、孟广和即疙瘩梅伦之侄吴窗户即吴子元之侄等，早已在段私自联络蒙民结党，明以告状为由，暗以抗丈为宗旨。韩瑞亭于二月间通知各蒙民，凡领户地之户得搬往此山另占王荒，因此蒙民迁移甚多。又令孟广和去其叔父之处，约求帮助抗丈，成功以收其田，籍韩瑞亭依迁移之户借端控告荒局，有弊顶名冒领等情及省委员到段以来，韩瑞亭私令蒙民各种原椿拔弃标桩，令真实蒙户领有户地之户，来报告户地未领出，不知被何人领去云云。又令各屯屯违甲如原有十户报五户，其余不知，如有违者加以严刑逼迫，蒙民闻之皆群起而攻之抗丈，吴窗户、孟广和抗丈成功，各与叔父报仇。韩瑞亭因早卖王荒四十方，现已丈放荒地，万出无策，始联络抗丈以消自己之弊。抗丈成效之至，如不速行惩办，恐有鞭长莫及之虑等，寔不揭冒昧来辕恳，请拘传到案，迅明依法惩处办，而重国法则成大德无极矣。

　　谨呈辽宁省政府主席公署

　　被告人：韩瑞亭、潘颜台、唐尼玛、王安、赵锡久、徐佐亭、孟广和、吴窗户

　　原告人：刘福山、王潮东、包敖木涛、唐国权

中华民国二十年五月二十八日

嘎达梅林起义军不断抗击下，哲里木盟帮办，盟务温都尔亲王阳仓札布对领地内的治安欲感到不安，想到了应该恢复因抗垦事件，遭到省政府解除武装的蒙兵。于中华民国二十年八月四日阳仓札布给辽宁省政府主席发去呈请，要求恢复蒙兵。

中华民国二十年八月四日，阳仓札布给辽宁省政府主席要求恢复蒙兵呈文影印件：

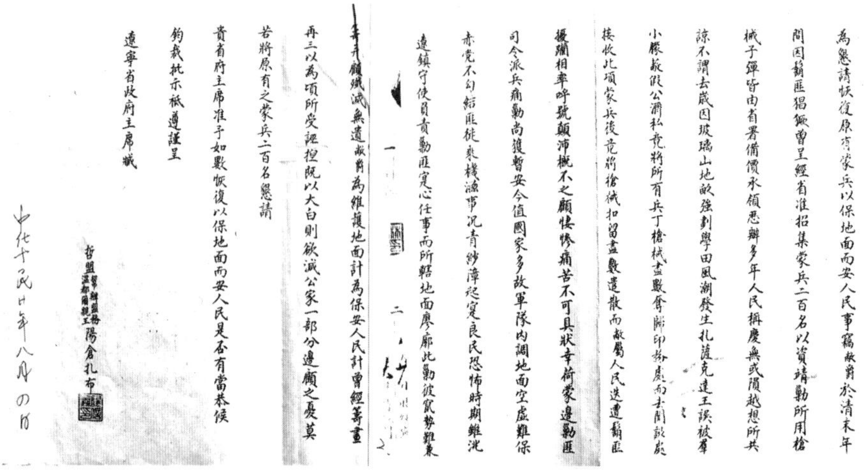
為懇請恢復原有蒙兵以保地面而安人民事竊敝爵於清末年間因鬍匪猖獗曾呈經省准招集蒙兵二百名以資靖勦所用槍械子彈皆由省署備價永領歷辦多年人民稱慶無或隕越想所共諒不謂去歲因玻璃山地畝強劃學田風潮發生札薩克達王誤被羣小蒙蔽假公濟私竟將所有兵丁槍械盡數奪歸印務處而去聞該處接收此項蒙兵後竟將槍械扣留盡數遣散而敝屬人民迭遭鬍匪擾躪相率呼號顛沛概不之顧悽慘痛苦不可具狀幸荷蒙邊勦匪司令派兵痛勦尚獲暫安今值國家多故軍隊內調地面空虛難保赤党不勾結匪徒乘機滋事況青紗障起寔良民恐怖時期雖洮遼鎮守使負責勦匪寔心任事而所轄地面寥廓此勦彼竄勢難兼籌並顧殲滅無遺敝爵為維護地面計為保安人民計曾經籌畫再三以為頃所受誣揑既以大白則欲減公家一部分邊顧之憂莫若將原有之蒙兵二百名懇請

貴省府主席准予如數恢復以保地面而安人民是否有當恭候

鈞裁批示祗遵謹呈

遼寧省政府主席臧

哲盟盟務幫辦溫都爾親王陽倉札布

中華民國廿年八月四日

中华民国二十年八月四日，阳仓札布给辽宁省政府主席要求恢复蒙兵呈文原文：

为恳请恢复原有蒙兵，以保护地面而安人民事，窃敝爵于清末年间因胡匪猖獗曾呈经省准招集蒙兵二百名。经资靖剿所用枪械子弹，皆由省署备价永领，历办多年。人民称庆，无或陨越想所共谅。不谓去岁，因玻璃山地亩强划学田风潮发生，札萨克达王误被群小蒙蔽，假公济私，竟将所有兵丁枪械尽数夺归印务处。而去闻该处接收此项蒙兵后，竟将枪械扣留，尽数遣散，而敝属人民迭遭胡匪扰躏，相率呼号颠沛，概不之顾，凄惨痛苦，不可惧状。幸荷蒙边剿匪司令派兵痛剿，尚获暂安。今值国家多故，军队内调地面空虚，难保赤党不勾结匪徒，乘机滋事。况青纱帐起，寔良民恐怖时期。虽洮辽镇守使负责剿匪，寔心任事而所辖地面寥廓，此剿彼窜难兼筹并顾歼灭无遗。敝爵为维护地面计，为保安人民计，曾经筹划再三，以为顷所受诬捏既以大白，则欲减公家一部分边顾之忧，莫若将原有之蒙兵二百名，恳请贵省府主席准予如数恢复，以保地面，而安人民，是否有当,恭候钧裁批示只遵。

　　谨呈辽宁省政府主席臧

哲盟帮办盟务温都尔亲王阳仓札布
中华民国二十年八月四日

　　辽宁省政府批准了哲里木盟帮办盟务温都尔亲王阳仓札布,关于恢复蒙兵的请求。丈放东西夹荒事务局总办刘效琨,遵照省政府恢复蒙兵的指示,于中华民国二十年八月二十一日,将查封在二龙锁口蒙营内,枪械、弹药、马匹、鞍子暨铺垫等一律送交达尔罕王旗蒙荒局。

　　中华民国二十年八月二十一日,丈放东西夹荒事务局总办刘效琨遵照省府之意,向达尔罕王旗蒙荒局送交查封的物品后给政府的报告影印件:

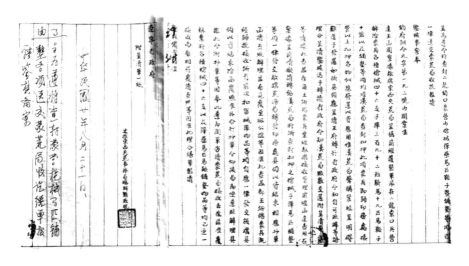

　　丈放东西夹荒事务局总办刘效琨遵照省府之意,向达王旗蒙荒局送交查封的物品后给政府的报告原文:

　　呈为遵令

　　将查封二龙锁口蒙营内,枪械、弹药、马匹、鞍子暨铺垫等项已一律送交蒙荒局收讫,报请。

　　鉴核事案奉

　　钧府训令元字一九三号内开案准

　　达王函开案,据敝旗东西荒局呈称,前经护垦军队在二龙锁口兵营,解除蒙兵各种枪械四十六支，子弹三百九十二粒，骑马十九匹，马鞍子十盘，以及铺垫等项，均经汉荒局查封和扣押此项，蒙兵即归印务处接管。以上扣押各物，似应必还，以资应用。惟汉荒局声称，案经呈明，碍难迳予发还。如欲具领，应呈请王府转行省政府令知，自可照详等语，理合呈请鉴核。迅予转请省政府令知汉荒局照数交还，附呈清单等情。据此，查温都尔王所辖蒙兵，业经敝旗接收管理。前经函达，查照在案。据呈前情，拟请转饬汉荒局，将所查封扣押之枪械、子弹、马匹、铺垫等项，一律发交敝旗荒务局，转发印务处具领，以资结束。相应抄单函请查照办理，并希见覆至纫公谊等因，准此。查温都尔王所辖蒙兵既经归旗接收，所有前次扣留械弹物品等项，自应一律发交该旗具领，以资结束。除函覆照准外，合行抄单，令仰该局即便遵照办理，覆称案将各种枪械四十六支，以及弹药、马匹、铺垫物品等均已逐一接收，尚属相符，覆请查照等因，准此理合，缮单报请。

鉴核备案。

谨呈辽宁省政府

附呈清单一纸

丈放东西夹荒事务局总办刘效琨

中华民国二十年八月二十一日

以上所有关于"辽北荒""西夹荒"等放荒和抗垦的档案史料，记述了发生在达尔罕旗的出荒过程。达尔罕旗的出荒的确关系到达尔罕旗的生死存亡，导致了蒙众与王公贵族和军阀之间的矛盾不断升级，反对出荒的抗垦斗争正是达尔罕旗蒙众为维系生存的必然选择，而嘎达梅林正是抗垦蒙众中最突出的代表。1929 年末，嘎达梅林的起义军达到三百多人，进入扎鲁特旗境内，在那里扩大成七百多人的队伍。

1930 年底，嘎达梅林武装抗垦的烈火已成燎原之势。达尔罕旗卫队已无力扑火。面对声势浩大的嘎达梅林抗垦军的斗争局面，达尔罕王爷开始了大规模的武装围剿，同时又出重金悬赏捉拿嘎达梅林等人。达尔罕王爷贴出布告，悬赏"捉住嘎达赏两千块大洋，给连长职务"。

从 1930 年末开始，达尔罕旗认识到只靠札萨克军队镇压起义是不可能的，于是向奉天省和东北军请求援军。军阀政府东北军总司令张学良，为了达到继续开垦"西夹荒"和"辽北荒"的目的，与达尔罕王爷一拍即合，调动了热河部队驻开鲁县十七旅崔兴武部下李守信的三十四团、吉林省洮南张大麻子部、辽宁省张海鹏部以及通辽驻军和达尔罕旗卫队,组成四千余人的围剿大军,对嘎达梅林的起义军,发动了从四面八方出击,空前规模的围追堵截。

1931 年农历二月,嘎达梅林带领的队伍在朱如门扎拉嘎村,被奉系军阀数千人包围,战斗异常激烈,双方伤亡甚多,尤其是嘎达梅林的队伍损失惨重。嘎达梅林队伍经过奋力拼杀突围后剩下不足百人,只好秘密潜往扎鲁特旗东部边界地带活动。此时,人困马乏、弹少粮缺,补给中断,处境极端困难。危机之下,嘎达梅林只好派人给鲁北镇高姓县长送信,要他在两天内送来一万发子弹,否则起义军将攻打鲁北城。高县长一面假意答应准备子弹,一面暗中派人给驻守开鲁县的奉系军阀密报。奉系军阀得到情报后,事先在约定的穆达罕苏木交货地点设下埋伏。当嘎达梅林的起义队伍按照约定到达指定地点时,遭到军阀伏击。一仗打来,起义队伍死伤五十多人。在严峻的形势下,为了保存实力,嘎达梅林与其他首领共同商议后决定,把起义队伍在聂木力吉一带分成几个小分队,分散活动,保存实力,互为声援。队伍分散后,嘎达梅林身边只留下不足二十人的兵力。

1931 年 4 月 9 日,嘎达梅林率部在科左中旗北部与王爷的地方武装和军阀进行周旋,在科左中旗舍伯吐北部,向北转移的起义队伍被刚刚开化的新开河挡住了去路。此时,军阀三十四团团长李守信率骑兵紧追不舍。在进退两难的关键时刻,嘎达梅林决定起义队伍在花胡硕苏木洪格尔敖宝渡口强渡新开河。嘎达梅林自己带领两名军士阻击敌人,殿后掩护。强渡的军士有的牺牲在河水中,有的登上北岸撤离。正当嘎达梅林要骑马渡河撤离时,敌军追到,嘎达梅林在射完最后一颗子弹后,纵马跳进翻滚咆哮的河水之中,不幸中弹壮烈牺牲,时年三十九岁。

嘎达梅林用鲜血和年轻的生命,捍卫了民族的利益,沉重地打击了封建王爷、军阀势力,制止了出放荒地的阴谋,使得军阀政府在舍伯吐、架玛吐设立县治的企图成为一纸空文。

嘎达梅林起义被镇压后,科尔沁左翼中旗的人民在民谣里歌唱为保卫家乡做斗争的嘎达梅林。民歌《嘎达梅林》1948 年被第一次印刷,后来传遍内蒙古全域。

第五章　嘎达梅林武装起义的历史影响

一　内蒙古人民革命党对抗垦的支持①

科左中旗蒙民反对王爷、军阀出放土地,不断发生抗垦请愿行动,得到了内蒙古人民革命党的支持。

内蒙古人民革命党(简称"内人党")是一个左翼政治团体,成立于1925年。1925年10月13日至20日,在共产国际指导下,内蒙古人民革命党第一次代表大会在张家口召开,参加大会的还有来自内蒙古各盟部旗的代表有近百人。大会选举产生内蒙古人民革命党中央执行委员会,通过了《内蒙古人民革命党第一次代表大会宣言》。内蒙古的中国共产党党员佛鼎、乌兰夫、多松年、王瑞符等也参加了大会。东蒙地区代表博彦满都、特木尔巴根、朋斯克等人参加了大会并加入内蒙古人民革命党。内蒙古人民革命党的成立,标志着内蒙古人民近代觉醒群众的进一步发展和增多,也标志着内蒙古人民民主解放运动进入一个新的历史阶段。

博彦满都在内蒙古人民革命党第一次大会上被选为总部候补执行委员,兼哲里木盟支部书记。嘎达梅林抗垦请愿时博彦满都身份是辽宁省洮昌道尹公署科员,他始终关注着嘎达梅林等人反对封建、反对王公贵族特权、反对军阀的抗垦斗争的动向。博彦满都曾秘密与嘎达梅林多次接触,宣传内蒙古人民革命党反对封建王公、开展民族自治斗争的主张。

---

① 根据《宾图旗史志》、《嘎达梅林与博彦满都》、《历史见证博彦满都》、《博彦满都与嘎达梅林的交往》(博和萨音)、《博彦满都与内蒙古自治运动》、《蒙古史研究》2010年第10期相关文章整理。

嘎达梅林比博彦满都长两岁。由于两人年纪相仿,又在嘎达未晋升梅林之前就有交往,所以关系亲密。博彦满都在郑家屯任职辽宁省第四中学蒙文教员时,嘎达去郑家屯办事,常到第四中学与博彦满都交谈。经过一段时间交往,两人互相了解渐多,感情较为融洽。嘎达梅林认为博彦满都是一个关切蒙古民族前途、富有热心的人;而博彦满都认为嘎达是一个正直爽快、办事公正、敢于对贪官污吏进行斗争的能干有为青年。特别是博彦满都加入内蒙古人民革命党后,与嘎达梅林的交往更为频繁。博彦满都常向嘎达讲述反对帝国主义侵略、打倒军阀统治、废除蒙古封建王公制度、反对民族压迫等民族民主革命的道理,这些道理给了嘎达梅林很大影响。

1927 年,嘎达梅林第一次遭到诬告被革职后,他在郑家屯找到博彦满都,向他倾吐被革职的冤屈和不快。博彦满都晓以民族民主革命大义,指明蒙古民族要发展强大必须坚决反对封建军阀的大汉族主义统治和蒙古王公制度。博彦满都和嘎达梅林秘密长谈,共同分析情况,帮助嘎达梅林找到被革职的根源,帮他指明今后的方向。博彦满都启发嘎达梅林说:"你何苦总想给腐朽将死的王公当奴仆,为何不参加蒙民的代表团,反对出荒呢? 保护人民的土地财产,干这样的光荣事儿呢?"嘎达梅林说:"当然,这样干是对的,只是怕代表团不要我。"博彦满都说:"只要你投身到民众的革命斗争中去,民众一定会欢迎你的,因为你干的是民族民主革命之大义。"嘎达梅林听后,心情豁然开朗,决心干一场为民请愿的事儿。①

1929 年,嘎达梅林带领请愿团在奉天省军阀政府和王爷府请愿时,博彦满都跟随到达奉天住在奉天皇寺,主动秘密与嘎达梅林接触。嘎达梅林向博彦满都说明请愿的意图后,博彦满都主动为请愿团出谋划策,并帮助修改和抄写请愿书。博彦满都赞许嘎达梅林投身这次蒙古民众自发地反对出荒斗争。对嘎达梅林说:"这是革命的行动,为广大牧民争得利益的行为,人民大众会支持的。你们的请愿行动我早已知道。在你们四个请愿代表中,你是因义愤而自愿为广大蒙民利益反对王爷出荒的。你与其余三个人情况不同,他们背后有王公贵族或上层喇嘛的指使和个人目的。不过只要你坚持斗争,广大的蒙古族同胞是会支持你的。"博彦满都告诉嘎达梅林说:"我是内蒙古人民革命党哲里木盟的负责人,我们内蒙古人民革命党支持你们搞反封建、反军阀和王公贵族的斗争。我们已派内蒙古人民革命党党员巴布(科左中旗七爷营子人)参加到请愿团中。我就住在这里,做支持请愿团的工作,有事可以找我。"②

这时的博彦满都以敏锐的目光察觉到,嘎达梅林他们的请愿是一次斗争目标

---

① 任翔著:《历史见证博彦满都》,名人出版社,2008 年,第 38 页。
② 任翔著:《历史见证博彦满都》,名人出版社,2008 年,第 40 页。

十分明确的反封建反军阀反王公特权的革命行动,内蒙古人民革命党必须站出来支持这次斗争。

请愿代表团的要求受到军阀政府和王爷的抵制,并采取利诱威胁手段,指使韩色旺等人,用给土地和大洋为诱饵,企图分化瓦解请愿团。就在请愿团进退维谷时,嘎达梅林又找到博彦满都汇报请愿进展情况和遇到的困难。博彦满都听后,肯定请愿团做得很对。并指出:"事实证明,对军阀政府和蒙古王公,不能抱有任何幻想,敌人利诱不成,会动用武力镇压的,你们要有思想准备,一定要坚持斗争。"博彦满都和嘎达梅林谈论了组织武装,在军阀和蒙古王公动用武力镇压时,组织武装暴动的问题。嘎达梅林说,一旦请愿失败,敌人动武时,他能组织起一千人的武装。①

1929 年 7 月 27 日深夜,军阀政府和蒙古王公动用宪兵、警察,将嘎达梅林等四位代表逮捕,致使请愿失败。11 月 13 日,嘎达梅林被劫出狱,举起了造反大旗,开始了武装反抗放荒的斗争。

1930 年,为了使嘎达梅林起义队伍很好地发展壮大,时任辽宁省辽北荒务局督察长兼东北蒙旗处额外科科员的内蒙古人民革命党党员博彦满都,不顾军阀对嘎达梅林起义军的围剿,借视察工作之机,到花胡硕苏木的北骆驼场村,等待与嘎达梅林和巴布见面。

嘎达梅林的起义队伍此时正遭到伪政府警察、军阀李守信部、王爷卫队等势力的全力围剿。转战到鲁北北山的嘎达梅林秘密来到骆驼场与博彦满都见面。博彦满都见到嘎达梅林和巴布异常兴奋,了解了起义队伍的情况和面临的形势后,他说:"你们是为反抗军阀、王爷起义的队伍,要保护贫苦大众利益,要有纪律、不要混同于土匪武装那样乱抢乱杀。"博彦满都嘱咐巴布说:"起义部队要逐渐向正规部队发展,要制定出军纪、军规。"博彦满都寄希望在条件成熟后,将这支队伍发展成内蒙古人民革命党领导的军队。

二 嘎达梅林抗垦斗争的历史影响

嘎达梅林抗垦的年代,正是 1927 年国共两党合作取得北伐战争胜利果实被蒋介石窃取,国民党实行对内镇压共产党领导的革命势力,对外屈服帝国主义,继续推行反动的大汉族主义政策,纵容王公出卖蒙古族土地,迫使内蒙地区人民无以生计,四处逃亡。在威胁民族生存的形势下,蒙古族上层也出现了两部分势力,一种人是跟随封建军阀、王公势力支持开荒,推行扼杀民族生存条件的反动政策,这种

---

① 任翔著:《历史见证博彦满都》,名人出版社,2008 年,第 38 页。

人为首的是后来成为日本帝国主义走狗的韩舍旺之流;另一种人是站在人民一边,为民族生存,为人民利益奔走、呐喊、斗争的勇士,嘎达梅林正是这一正义势力的代表。他反映了当时历史条件下,蒙古族人民摆脱封建压迫和民族压迫的民族民主要求。他站在劳动人民一边,为民族的生存兴利除弊,是有革命意义的。

嘎达为民请愿,带有民主主义革命倾向。这种倾向来自于嘎达反出荒、反封建、反军阀的斗争,并不是孤立的。在这段时间里,得到了内蒙古人民革命党哲里木盟支部博彦满都的支持。博彦满都和玛尼巴达拉等蒙古族进步青年于 1929 年 3 月 16 日,组织了"蒙古平民同志会",这是一个且有民族民主革命思想的蒙古族青年组织,提出了反对王公世袭、废除奴隶制度、参与蒙旗政务改革的口号,秘密组织人民的反帝反封建的革命运动。嘎达在奉天率团请愿时,不仅多次与内蒙古人民革命党人博彦满都接触,接受他的主张,他的言行也印证了他的民主主义的思想。当奉天政府官员拒绝接见请愿代表团,并指责请愿代表团"开荒是国家政策,是扩充边疆,你们竟敢反对,这是违反国家政策的不轨行为"。嘎达梅林反驳道:"请问,现在蒙民居住的地方算不算中国领土? 蒙民算不算中国人民? 扩充边疆政策是不是要把蒙民从土生土长的地方赶走?""现在政府嘴上大讲三民主义,可又随便掠夺蒙民土地,逼迫蒙民无法生存,这不是违背三民主义吗?"嘎达梅林敢于直面王公权贵,为百姓争利、争理,这就是民主主义思想的具体体现。[1]

嘎达为民抗垦,带有民主主义革命志向。这种志向来自于坚持蒙汉人民兄弟般的团结,共同反对封建军阀的大汉族主义的目标。嘎达梅林的起义,毫不含糊地提出"打倒测量局,保护蒙古人民土地"的口号,斗争的目标、目的十分明确,以反对王公、军阀为代表的封建势力为目标,不仅受到广大蒙古族人民的支持,也赢得了汉族人民的同情与支持,从而保证了他在艰难的条件下,坚持转战近两年,保护了家乡的土地,使军阀政府出放西夹荒、辽北荒的事务宣告失败,使在舍伯吐、架玛吐设立县治的企图成为一纸空文,这是他不可磨灭的功绩。

纵观科左中旗历史上以抗垦为代表的、各种形式的、大大小小的、农牧民自发的抗垦斗争一直不断,这些反对王公贵族、反对封建主义、反对军阀统治、反对大汉族主义的斗争,实质是为保护土地、保护家园的斗争。嘎达梅林武装起义是科左中旗抗垦斗争的一个高潮。嘎达梅林和他领导的武装反垦斗争虽然失败了,但是保护蒙古人民土地而献身的精神永远流传。

---

[1]　张连勋:《嘎达梅林,具有民主主义思想的民族英雄》,见陆文杰主编《嘎达梅林史料研究》,内蒙古出版集团、远方出版社,2014 年,第 343 页。

附录一：

科 左 中 旗 王 公 世 袭 表

科左中旗王公世袭表

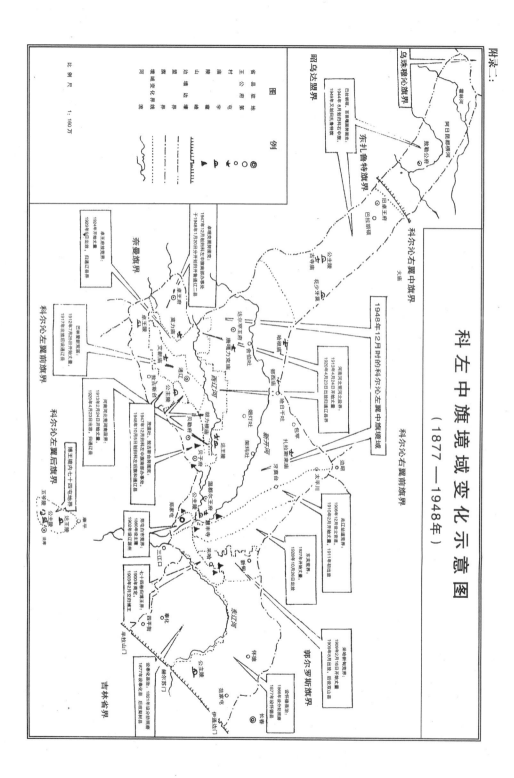

科左中旗境域变化示意图

（1877—1948年）

附录三：

嘎达梅林年谱

（1892—1931）[①]

1892 年

嘎达梅林出生。

嘎达，蒙古族，本名孟业喜，又名那达木德，汉名孟青山，生于内蒙古哲里木盟达尔罕旗（即科左中旗）温都尔王属地采哈新甸的札门朝海村（今吉林省双辽市卧虎屯镇哈日巴拉山脚下）。

嘎达家族在达尔罕王属民中是专服差役的家族。

父亲伊德阿斯冷，母亲金梅。嘎达梅林兄弟四人，大哥达尔吉，二哥朱日勒玛，三哥阿拉木苏。那达木德（嘎达梅林）是四兄弟中最小的，故昵称"嘎达"（同东北话"老嘎达"）。

伯父赛音宝音，曾任采哈新甸地方扎兰，喜蒙汉文书法，善交际，居家甚富，门庭显赫。

1898 年

嘎达梅林六岁。随二哥朱日勒玛进学堂习蒙汉文，起名孟青山。二哥朱日勒玛从小送入庙里当喇嘛，并入私塾读书。

1902 年

嘎达梅林十岁。因家境困难，从私塾辍学。

此时，清廷制定了移民实边政策，解除了对蒙古地区的封禁，蒙区放垦几近疯狂程度。

---

① 陆文杰主编：《嘎达梅林史料研究》，内蒙古出版集团、远方出版社，2014 年。

1906 年

嘎达梅林十四岁。嘎达梅林不甘忍受巴拉吉的虐待,用开水浇在巴拉吉的头上,逃回家中。

1907 年

嘎达梅林十五岁,这一年达尔罕王旗出荒采哈新甸,立双山县。伯父赛音宝音因反对出荒而被革职。因父亲伊德阿斯冷不善农耕、无钱买荒,不得不举家离开他祖祖辈辈居住的新甸札门朝海村,迁居到新开河西岸西夹荒的满日达哈(今通辽市科尔沁左翼中旗努日木镇境内)。嘎达一家品尝到了丧失土地、丧失家园的痛苦。

1909 年

嘎达梅林十七岁。经堂兄阿拉德尔朝克图梅林介绍,嘎达来到达尔罕王府,为达尔罕王爷从奉天请来的军事教官当蒙文翻译。这为嘎达梅林锻炼、提高自己的军事才能和素质提供了良好契机。

这一年,设福源县。二哥朱日勒玛(昭日喇嘛)到福长地局任职员。

1910 年

嘎达梅林十八岁。当蒙文翻译,同时也练马习武,成为旗卫队正式队员。

1911 年

嘎达梅林十九岁。这一年孙中山领导的辛亥革命取得成功,清室倾没。民国政府在蒙旗地方,仍保留王公世袭制度。达尔罕亲王和奉系军阀张作霖结秦晋之好,在奉天(今沈阳)小河沿建造了新的王宫。尽管日常旗务由管旗章京执处,但是事关旗要均由驻奉天王府决断。

嘎达梅林在旗卫队中显露才干,被任为什长。

1916 年

嘎达梅林二十四岁。这一年升任旗卫队昆都(骁骑校)。

同年,与巴林义申格勒(西九家子)台吉女儿、远近闻名的才女乌琳朱兰结婚。

1917 年

嘎达梅林二十五岁。由于能力出众,被达尔罕王提升为旗军务扎兰。

1920 年

嘎达梅林二十八岁。达尔罕王府设九家子兵营,统管开鲁、通辽、达尔罕王旗交界治安事宜。嘎达被任协理军务梅林,管理日常事务,常驻九家子兵营。

1921 年

嘎达梅林二十九岁。父亲伊德阿斯冷逝世,母亲金梅、妻子乌琳朱兰搬到九家子兵营。

1922 年

嘎达梅林三十岁。妻子乌琳朱兰因难产病逝。

1923 年

嘎达梅林三十一岁。这一年,六十岁高龄的军务梅林阿拉德尔朝克图卸任,嘎达正式接任军务梅林职务。

1924 年

嘎达梅林三十二岁。这一年冬,嘎达与东好坦塔拉太吉的女儿牡丹结婚。

牡丹,1902 年生,属虎,小于嘎达十岁。当时因两人年龄相殊,又龙虎相争之属,加之民族习惯上的说法,牡丹亲友中多有反对者,唯牡丹喜欢嘎达梅林的正直、勇敢、果断和为人,崇敬嘎达梅林在全旗民间的威望,她说服了众亲,完成了婚事。

1925 年

嘎达梅林三十三岁。这一年,嘎达为解决兵饷,请求达尔罕王同意,把十三敖宝、古鲁本花(今开鲁县三棵树乡境内)六十方土地的地租归军营收取,从而解决了旗卫队军费问题。

此时在郑家屯任职的二哥昭日喇嘛抽上大烟,又娶了城里的老婆。嘎达梅林和牡丹商量,把昭日喇嘛前妻生子、当年十六岁的阿民龙收为养子。

1926 年

嘎达梅林三十四岁。嘎达在距九家子兵营东十五华里的奥来毛都建造新居,起名"二龙山"。此地北依奥来芒罕,南邻宽阔的五家子草原,是当时通往舍伯吐、老北山的咽喉要道。

"二龙山"新居颇有科尔沁地区蒙古族民间大户的气魄,上房五间,东西厢房各三间,两进院套。一进的院内有卫兵、管家住宿的房舍;四周院墙高达九尺,四角设有方形炮台;墙内筑有马道相通。

夏秋之季,嘎达梅林亲自裁办王族近亲赛兴嘎、那木海等人侵占百姓草牧场事件。旗卫队巡边过程中,查获数起军阀卫队勾结土匪勒索百姓的事件。

冬初,从奉天传来据说是王爷的指令:"梅林只管军务,勿管民间他事。"嘎达击节慨叹:"身为王府命官的梅林,就任凭军阀兵匪欺诈百姓不管吗?"

嘎达梅林母亲金梅病故。

1927 年

嘎达梅林三十五岁。冬季巡逻中,嘎达梅林在通辽县孔家窝堡村北发现有人上吊,缓开悬绳问明情由。此人叫孔祥,是孔家村汉族贫民,军阀兵匪勒索百姓,竟将其唯一女儿扎昭珍抓去当人质。嘎达梅林带领一排马队找到军阀连部,该连长被迫将孔昭珍交了出来。

年底,驻奉天王府来旨:王爷召见嘎达梅林。到了奉天,使嘎达梅林大为吃惊的是并非王爷召见,而是王爷的福晋召见。福晋倒也直截了当,要求把十三敖宝一带的六十方土地的地租冻结,听候王府处理。嘎达梅林郑重地予以回绝。

当嘎达梅林返回旗卫队时,福晋早与旗务梅林韩舍旺等秘密商议,设下计谋:污蔑嘎达梅林贪污了军饷。

王爷下令撤销了嘎达梅林职务,由王府在奉天的亲信王祥林接替梅林职务。

1928 年

嘎达梅林三十六岁。春三月,牡丹生下一个女孩,嘎达为女儿取名田金亮。王祥林掌握军权后,不断扩充党羽,搜刮民财。他带兵到康平县,指控守护王爷陵墓的老葛家乱砍树木,双方开火,打死了老葛家两人。奉天省政府查办,命令王府交出凶手。王祥林闻风带人逃到大林站,要队员上火车,入关内参加直奉战争。士兵哗变,纷纷要求"还回我们的梅林!",要求恢复嘎达梅林职务。远在奉天的王爷、福晋闻讯大骇,立即恢复了嘎达的梅林职务。

受福晋纵容的王祥林并不罢休。他勾结土匪到扎旗地方抢劫畜群到奉天倒卖,经奉天省警察厅通缉,嘎达梅林逮捕了王祥林,交到省警察厅。

福晋假借王爷名义保取王祥林,反诬嘎达梅林"不务正业,擅权政务",并将嘎达梅林逮捕入狱,又指令另一名亲信刘昌林接任梅林职务。

十天后牡丹闻讯赶到奉天,直抵省警察厅,伸明了曲直,又变卖随身携带的金银首饰,打通关节赎出了嘎达梅林。

1929 年

嘎达梅林三十七岁。这一年发生了许多事情。

1 月,奉天省政府官员郑金铭、王伟烈到西夹荒、辽北荒进行实地踏查。

1 月,达尔罕王委任韩舍旺为西夹荒、辽北荒事务局会办。

2 月 5 日,南京政府明令奉天省改称辽宁省。4 月 2 日,奉天市改为沈阳市。

面临开荒失去土地的达尔罕旗旗民,在舍伯吐、南固仁茫哈、哈日乌苏三地召开大会,公推嘎达梅林、韩僧格嘎力布、张舍楞尼玛(汉名张瑞)、赵舍旺(汉名赵瑞堂)四人为六十人请愿团首席代表,去沈阳请愿。

4月,王伟烈向奉天省政府提出在架玛吐设福源县、在舍伯吐设辽北县的建议。

5月,由嘎达梅林等六十人组成的"吉仁乌布根"请愿团来到沈阳。嘎达梅林向民政厅厅长沈文学、辽宁省省长翟文选、达尔罕王旗王爷那木济勒色楞陈述出荒给蒙民造成的疾苦,请求停止出荒。

内蒙古人民革命党党员、辽宁省洮昌道尹公署科员博彦满都秘密到沈阳与嘎达梅林接触,为请愿团出谋划策。

8月18日,嘎达梅林在沈阳面见达尔罕王爷时,与福晋朱博儒话不投机。福晋发狠要惩治嘎达梅林。

8月19日,韩舍旺受达尔罕王爷指使,以"达尔罕旗扎萨克公署驻辽源办公处"名义,向辽宁省政府发送公函,请求逮捕嘎达梅林、韩僧格嘎力布、张舍楞尼玛、赵舍旺四人。

8月20日,辽宁省政府秘书陈学把韩舍旺送来的公函转呈省长。省长翟文选接到函件后,批示三日内逮捕嘎达梅林等人。

8月30日夜,辽宁省公安局白局长派警察包围请愿团住地——茂林旅馆,韩僧格嘎力布、赵舍旺、张舍楞尼玛被捕。次日凌晨,嘎达梅林在黄寺庙被捕。

9月27日,嘎达梅林等四人被刘昌林押回达尔罕旗印务处监牢关押。

9月初,刘昌林根据达尔罕王的密旨,在嘎达梅林的食物中下毒,谋杀未果。

9月,牡丹给朱日勒玛写信,请求救助嘎达梅林,遭到拒绝。

9月,嘎达梅林的爱女田金亮病逝。

10月,牡丹为营救嘎达梅林,多方努力,积极奔走,认真准备,等待时机。

11月,牡丹到南固仁茫哈找到韩僧格嘎力布的妻子,协商拯救他们出狱。韩的妻子把马弁敖力布介绍给牡丹,并由牡丹领回奥林毛都。敖力布参加了劫狱行动,后来成为起义队伍中的重要一员。

12月初,牡丹下定决心准备武装劫狱,妥善安置了侍女乌日娜、其木格。

12月10日,王府卫队内一个叫哈拉的士兵送信说,刘昌林带领旗卫队去哈拉毛都(今开鲁县小街基镇)去剿匪。牡丹认为这是一个难得的劫狱机会。

12月11日,牡丹去王府监狱探监,与嘎达梅林商定了劫狱时间和联络暗号。

12月13日,牡丹在家举办的酒宴上公布了劫狱计划,有十三个人参加了劫狱宣誓活动。为了行动隐蔽,最后确定八人劫狱,他们是:牡丹、道额日卜、阿木郎贵、拉喜、嘎牙、恩和白乙、敖力卜、舍额日格。

12月13日夜。牡丹等八人成功劫狱,救出嘎达梅林,向扎鲁特旗方向跑去。后举起了武装抗垦的大旗。

12 月 14 日,刘昌林带兵到奥林毛都搜捕嘎达梅林,一无所获,放火烧毁了嘎达梅林的宅院。

12 月 27 日,达尔罕王爷函请辽宁省政府,请求捉拿嘎达梅林。

12 月,嘎达梅林与八人在会音苏莫庙被冲散后,嘎达梅林得到汉族老乡王春的救助。经王春介绍,嘎达梅林与汉族起义军白龙取得联系。嘎达梅林提出"打倒测量局,不许抢掠民财"的口号,积聚力量,起义军队伍不断壮大。

12 月末,科左后旗的官布带领二十多人投奔嘎达梅林起义队伍。

1930 年

嘎达梅林三十八岁。春,嘎达梅林袭击了乌兰花的垦荒军和测量队,毙敌二人,烧毁测量器具、地界牌子、旗帜和地主的账簿契约。率队袭击了驻舍伯吐的垦荒军,毙敌九人,俘敌五人,缴获长短枪二十多支,全鞍马二十多匹,取得重大胜利。是役极大地震慑了敌人,鼓舞了士气。

夏,达尔罕王爷、福晋与刘昌林密谋,使嘎达梅林的好友管旗章京巴拉珠尔去劝降。

巴拉珠尔遭到嘎达梅林的痛斥。

秋,嘎达梅林的武装队伍已发展到一千三百多人。

时任辽宁省辽北荒务局督察长兼东北蒙旗处额外科科员的内蒙古人民革命党党员博彦满都,借视察工作之机,到花胡硕苏木的北骆驼场村,与活动在那里的嘎达梅林秘密会见,并派巴布给嘎达梅林当顾问。

1931 年

嘎达梅林三十九岁。春初,惊慌失措的达尔罕王府勾结军阀张学良手下,调集辽宁、热河、洮南几路人马围剿嘎达梅林队伍,战斗从东西乌珠穆沁、扎旗、右中、左中一线展开,历时一个多月。

嘎达梅林起义军队伍给予人员数量和武器装备都占优势的敌人以重大打击,但终因寡不敌众,加之起义军队伍组织纪律散乱等而损失惨重,在老北山哲布图一带陷入包围。嘎达梅林率领部分士兵突出重围,边战边退,到达舍伯吐以北地区时,正值乌力吉木仁河开化,冰凌满槽,流势如排山倒海。行至红格尔敖包屯渡口,追兵已到,嘎达梅林命令士兵一面强渡冰河、一面阻击敌人。当他射完最后一颗子弹、纵马跳进翻滚咆哮的冰凌中,敌人一阵乱枪扫射,嘎达梅林中弹壮烈牺牲,那日是 1931 年 4 月 9 日(农历二月二十二日)。

附录四：

嘎 达 梅 林①

1 = F　4/4

蒙古族民歌

```
6  3    3   2 3 | 5  6   1   6  | 2   3  2  1  | 6 ·
1. 南 方 飞 来 的    小 鸿 雁 啊，    不 落   长  江
2. 北 方 飞 来 的    大 鸿 雁 啊，    不 落   长  江
3. 天 上 的 鸿 雁    从 南 往 北 飞, 是 为 了    追  求
4. 天 上 的 鸿 雁    从 北 往 南 飞, 是 为 了    躲  避
```

```
2 ·  3 3  5   1 | 6  - - - | 5  6  5   3 5
不    呀 不 起   飞，    要  说 起 义 的
不    呀 不 起   飞，    要  说 造 反 的
太    阳 的 温   暖。    反  抗 王 爷 的
北    海 的 寒   冷。    造  反 起 义 的
```

```
5 6 1 6 | 1 6  1 5 6 | 2 ·  3 3  5  1 | 6  - - -
嘎 达 梅 林, 是 为 了   蒙 古 人 民 的 土   地！
嘎 达 梅 林, 是 为 了   蒙 古 人 民 的 土   地！
嘎 达 梅 林, 是 为 了   蒙 古 人 民 的 利   益！
嘎 达 梅 林, 是 为 了   蒙 古 人 民 的 利   益！
```

---

① 歌曲《嘎达梅林》，是蒙古族长篇叙事民歌。2008 年,《嘎达梅林》被列入国家非物质文化遗产保护名录。

附录五：

民族英雄嘎达梅林纪念碑碑文①

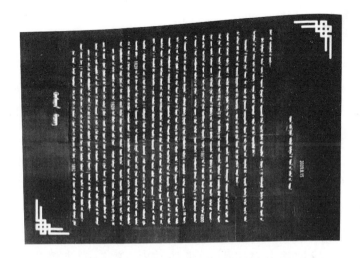

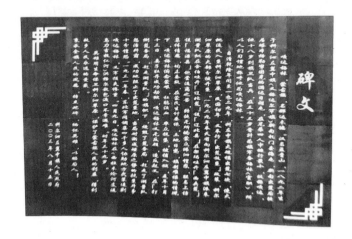

---

①　位于内蒙古自治区通辽市科左中旗保康镇嘎达梅林广场。

　　嘎达梅林，蒙古族，名那达木德。汉名孟青山。一八九二年生于科尔沁左翼中旗（又称达尔罕旗）新甸扎门套海屯。新甸出荒后徙居塔本格勒努图克的满达日胡屯。在兄弟四人中排行最小，故称嘎达。他十八岁到旗卫队当兵，在三十岁晋升为旗军务梅林（官职），所以人们习惯称呼他为嘎达梅林。

　　自清乾隆年间到一九二九年，科左中旗大规模出荒七次，使大批流民入垦科尔沁草原。民国初年，又奉行"出荒放垦"政策，科尔沁草原的大部分被开垦。一九二九年，奉天省向科尔沁左翼中旗派来测量队，拟在舍伯吐开"辽北荒"设"辽北县"，在架玛吐开"西夹荒"设"福源县"。饱尝流离之苦、转徙无所的蒙众涕泗惶恐，联名上访集体请愿，均未奏效。在蒙民生计垂绝，土地日蹙，旗制难保的情况下，嘎达梅林府念蒙艰，杜鹃泣血，率众抗垦，被捕入狱。是年十月十三日，妻子牡丹成功劫狱。嘎达梅林义无反顾，造反起义。在"打倒荒务局，赶走测量队"的旗帜下，烧毁了荒务局，赶走了测量队，惩治奸霸，成功地阻止了出荒垦地。当局对渐成燎原之势的抗垦斗争十分惶恐。一九三一年春，东北军阀调集四千多人协助地方武装追剿嘎达梅林，义军损失惨重。四月九日，嘎达梅林在西拉木伦河支流乌力吉木仁河，洪格尔敖包渡口不幸遇难，时年三十九岁。

　　英雄用生命保卫科尔沁草原，保护了蒙古族人民的利益，得到故乡人民永远的爱戴。

　　秉承全旗人民的夙愿，特立此碑，缅怀英雄，以昭后人！

科尔沁左翼中旗人民政府
二〇〇三年八月十五日

附录六：

结项证书

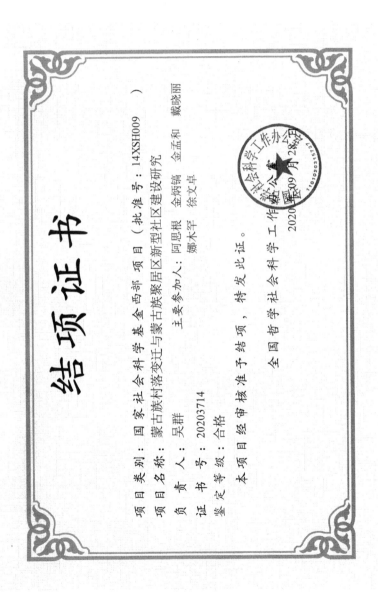

结 项 证 书

项目类别：国家社会科学基金西部项目（批准号：14XSH009）

项目名称：蒙古族村落变迁与蒙古族聚居区新型社区建设研究

负责人：吴群

证书号：20203714

鉴定等级：合格

主要参加人：阿思根　金炳镐　金孟和　戴晓丽
　　　　　　娜木罕　徐文卓

本项目经审核准予结项，特发此证。

全国哲学社会科学工作办公室

2020年09月28日

参考文献

［1］内蒙古档案馆馆藏史料。

［2］辽宁省档案馆馆藏史料。

［3］中国第二历史档案馆馆藏史料。

［4］大连档案馆馆藏史料。

［5］长春档案馆馆藏史料。

［6］通辽市档案馆馆藏史料。

［7］科尔沁区档案馆馆藏史料。

［8］科左中旗档案馆馆藏史料。

［9］《科尔沁左翼中旗志》编纂委员会编:《内蒙古自治区地方志丛书·科尔沁左翼中旗志(1636—1998)》,内蒙古文化出版社,2003 年。

［10］德吉德著:《达尔罕文史》,政协科左中旗文史委员会主办,内部发行,2008 年。

［11］乌日德力格尔、阿拉坦敖其尔编著:《宾图旗史志》,内蒙古教育出版社,2015 年。